기초 화성이론

저자 **고서이**

연세대학교 음악대학에서 클래식 음악 작곡을 전공하고, 이화여대 실용음악대학원과
상명대학교 대학원에서 뉴미디어 음악과 영상 음악을 공부한 후 Sk텔레콤 공익광고,
삼성카드 등의 광고 음악과 EBS 방송의 다큐멘터리와 애니메이션의 BGM 등 다수의
영상 음악을 작곡하였다.
또, 일본 유학을 통해 팝과 재즈를 배우고 경험한 후 뉴에이지 피아니스트 겸 작곡가로
4개의 정규 음반 및 싱글 음반들을 발표하여, 작곡과 연주 활동을 겸하고 있다.

2009년부터 현재까지 동아방송예술대학교에서 다양한 음악 이론 과목들을 강의하고
있다.

기초 화성이론

Chord & Harmony

고서이 지음

예미

머리말

이 책은 코드 이론 기반의 실용 화성학을 입문하는 첫 과정입니다.

이 과정의 이전 단계에서 악전樂典에 관련된 여러 가지 내용들, 즉, 기본 리듬과 박자, 음표와 쉼표의 악보를 읽는 법과 그 기보법 , 그리고 나아가 음정, 음계, 조성에 관한 기초적인 음악 이론을 학습하셨을 것입니다.

그러한 바탕 위에 이제부터 이 책을 통해 화음과 화성에 대한 개념과 이론을 학습하며, 음악에서의 역할을 더 심도 있게 이해하는 것을 목적으로 합니다.

전체적인 내용은 3화음과 7화음의 구성 원리와 특징을 알아보고, 이 코드들이 조성에서 어떻게 다이아토닉 코드를 구성하고 그 역할은 무엇인지를 살펴봅니다.

화음-코드chord가 유기적으로 조화를 이루며 연결되는 것이 화성- 하모니harmony입니다. 순차적으로 코드들의 종류와 특징, 그리고 조성에서 다이아토닉 코드의 개념과 구성에 대해 이해한 후에는, 다이아토닉 코드들의 기본적인 화성 진행에 대해서도 알아봅니다.

우리가 일상적으로 감상하고, 연주하기도 하는 수많은 악곡들은 대부분 잘 짜여진 선율에 그와 어울리는 다양한 화음들이 조화롭게 연결되며 하모니를 이루고 있습니다. 그러므로 이러한 화음과 화성 진행을 잘 이해하고 다룰 수 있다면, 음악을 더욱 구체적이고도 섬세하게 감상하고, 연주하고, 또 직접 만들어 볼 수도 있을 것입니다.

　화음과 화성은 리듬, 선율, 화성이라는 음악의 3요소 중에서도 가장 발달된 형태이고, 본능적이고 감성적인 성향이 강한 리듬과 선율에 비해 화성은 체계적인 이론 학습이 필요합니다. 그래서 어떤 목적으로든지 이 책의 내용을 학습하려는 여러분은 이제 음악을 좀 더 구체적이고 깊게 이해하고자 하는 의지와 목표를 가지고 첫 발을 내딛게 된 것입니다.

　첫 장인 예비 학습부터 마지막 장 까지 차근차근 과정을 밟아나가며 화성 이론을 본인의 것으로 소화해 보시기 바라며, 이를 통해 고급 음악 이론과 코드 리하모니제이션과 같은 심화와 응용 단계로 나아갈 수 있을 것입니다.

　이 책과 함께 음악에 대한 무한한 가능성을 열어가시기를 진심으로 응원합니다.

목차

I. 예비학습

II. 화음과 화성(Chord & Harmony)

I.
예비학습

리듬Rhythm, 선율멜로디, Melody, 화성하모니, Harmony을 음악의 3요소라고 합니다. 우리가 듣고 연주하는 음악은 이 세가지 요소들이 유기적으로 조화롭게 결합하여 이루어진 결과물입니다.

생물의 심장박동에서 비롯되는 리듬, 또, 언어나 감정 표현의 기능을 하면서 발달하게 된 선율, 이 두가지 요소가 매우 본능적이고 원초적이라면, 화성은 이들의 바탕 위에 발전된 형태로 나타났다 볼 수 있으며 실제로 가장 늦게 등장한 음악적 형태이기도 합니다.

2개 이상의 음이 동시에 울릴 때 이를 화음, 코드Chord라 하고 이 화음들이 조성이나 다이아토닉 스케일 이론 등 일정한 법칙에 따라 조화롭게 연결되어 있는 상태를 화성Harmony이라고 합니다.

이 책은 이러한 화성에 관한 기초적인 이론을 다루고 있으며, 화음Chord의 구성과 종류, 그리고 조성 내에서 기본 화음들인 다이아토닉 코드가 유기적으로 연결되는 화성 진행Harmony에 대해 설명하고 있습니다.

이를 이해하기 위해서는 음정Interval, 음계Scale, 조성Tonality에 관한 이해가 필수적으로 선행되어야 합니다.

따라서 본론으로 들어가기에 앞서 예비학습의 장을 두어 각 내용을 간략히 요약하여 설명하고 있습니다.

이 부분은 화성 이론 뿐만 아니라 모든 음악 이론의 가장 기초가 되기 때문에 중요도가 높은 내용입니다. 반드시 예비학습을 통해 복습하고 확인하여 음정, 음계, 조성의 정확한 개념과 내용을 숙지 한 후 진도를 나가시기 바랍니다.

음정

Interval

1

음정 Interval

(1) 음정의 뜻

두 개의 음의 음높이에 따른 차이, 이것을 보통 '두 음 사이의 거리'라고도 말하고, 음정 Interval 이라는 용어를 사용합니다.

음정은 발생하는 방법에 따라 두 가지로 구분되는데, 두 음이 시간 차이를 두고 순차적으로 울릴 때 이를 선율음정 Melodic interval 이라 하고, 두 음이 수직적으로 동시에 울릴 때 이를 화성음정 Harmonic interval 이라고 합니다.

음정은 반드시 두 음 중에 낮은음에서 높은음의 순서로 세며, 도에서 시까지 7개의 계명을 기준으로 두 음의 계명 간격을 세어서 나오는 숫자 뒤에 '도 度'라는 단위를 붙여 표시합니다.

예를 들어 같은 자리의 '도'와 '도'는 1도 음정이 되고, '도'와 그 바로 위의 '레'는 2도 음정이 됩니다.

또, 같은 도수를 가진 음정이라도 두 음 사이에 포함된 온음과 반음의 수에 따라 완전음정Perfect interval , 장음정Major interval , 단음정Minor interval , 증음정Augmented interval , 감음정Diminished interval 등 성질을 분류합니다.

아래 악보에서 '도'와 '미'도-레-미 , '도'와 '미♭' 도-레-미♭ 은 둘 다 계명이 세 개이므로 3도 음정이지만, 두 음 사이의 반음 수에 따라 '도-미'는 장3도 음정이 되고 '도-미♭'은 반음이 하나 적기 때문에 단3도 음정이 됩니다.

(반음수의 계산에 관해서는 뒤의 기본음정 부분에서 설명됩니다.)

(2) 기본음정

① 기본음정의 뜻

기본음정이란 위의 악보에서처럼 밑 음이 C 도 이고, 윗 음이 C 장음계의 음들로 이루어지는 8개의 음정을 말합니다.

기본음정의 명칭은 <1, 4, 5, 8도는 완전음정>, <2, 3, 6, 7도는 장음정>이라고 합니다.

기본음정의 두 가지 요건

① 밑음이 도(C음) 이어야 한다.
② 윗음이 C 장음계의 음 (도, 레, 미, 파, 솔, 라, 시, 도) 이어야 한다.

ex 1 아래의 음정 들 중 기본음정을 찾고 이름을 써보자.

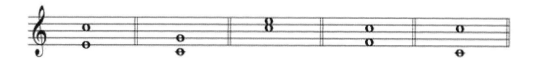

② 음정의 온음수와 반음수 계산하기

음정은 두음 사이의 온음과 반음의 수를 기준으로 계산하기 때문에 앞서 배운 기본
음정을 이루는 반음과 온음의 수를 알아보겠습니다.

먼저 온음과 반음은 피아노 건반을 생각해보면, 쉽게 이해할 수 있습니다.
피아노에서 검은 건반, 흰 건반 구분 없이 반음은 2개의 건반, 온음은 3개의 건반 간
격으로 이루어집니다. 그리고 반음 2개는 온음 1개가 됩니다.

음정에서 온음과 반음의 수를 셀 때에는 먼저 온음으로 끝까지 세고, 남은 반음이 있
는지를 계산합니다.

아래 건반에서 표시된 것처럼

① 도와 미 : 온음 2개 (도-레, 레-미)

② 솔과 도 : 온음 2개 (솔-라, 라-시) + 반음 1개 (시-도)

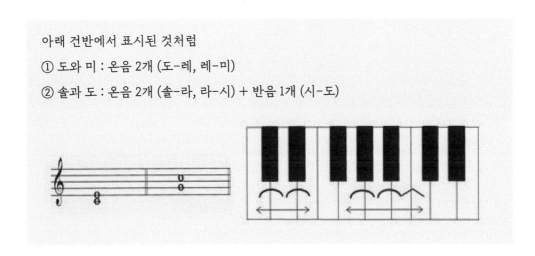

위와 같은 방법으로 1도부터 8도까지의 기본음정 각각의 온음과 반음의 수를 세어 보면 아래 〈표1〉과 같습니다. 피아노 건반을 사용해 계산해 보세요.

	온음	반음		온음	반음
완전1도	0	0	완전5도	3	1
장2도	1	0	장6도	4	1
장3도	2	0	장7도	5	1
완전4도	2	1	완전8도	6	0

〈 표1 기본음정의 온음과 반음의 수〉

(3) 음정의 성질

음정을 쉽게 구분하기 위해서는 기본음정을 구성하는 온음과 반음수를 알아두어야 합니다. 〈표1〉

기본음정이 아닌 음정의 계산을 할 때는 그 음정의 온음과 반음수가 해당 도수의 기본음정과 같은지 다른지를 따져서 구분하기 때문입니다.

만약 온음과 반음의 개수가 같다면 기본음정과 똑같은 간격을 가지고 있는 음정이므로 기본음정과 같이 〈1, 4, 5, 8도는 완전음정〉, 〈2, 3, 6, 7도는 장음정〉이 되고 기본음정과 개수가 다르다면 음정의 간격이 기본음정과 비교해 늘었는지 줄었는지에 따라 구분해서 〈단, 감, 증〉 등 다른 음정이 됩니다.

장3도   단3도

위의 악보에서

① '도-미' 는 기본음정 장3도이고 온음 2개로 이루어져 있습니다.

② '도-미♭'은 미의 플랫으로 인해 기본음정의 요건이 안되며, 온음 1개 반음 1개로 되어있어, 장3도보다 반음 1개만큼 간격이 좁습니다.

이렇게 장음정보다 반음 1개만큼 간격이 좁으면, 단음정이라고 합니다. 〈표2〉

따라서 '도-미♭'은 3도 중에서도 단3도 음정입니다.

`ex 2` 아래 2개 음정의 이름을 써보자.

아래 악보의 음정들을 보면 첫 번째의 '도-솔'을 제외하면 모두 밑 음이 '도'가 아니어서 기본음정이 아닙니다. 하지만 이런 경우라도 기본음정과 동일한 온음과 반음 수 (온음 3개 + 반음 1개)로 이루어진 5도 음정은 모두 완전5도가 됩니다.

피아노 건반으로 각 5도 음정들의 온음수와 반음수를 계산해 보세요.

ex 3 다양한 완전5도 음정들

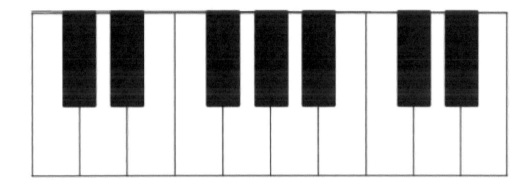

이렇듯 기본음정의 온음과 반음의 구성을 기준으로 밑음이 '도'가 아니거나 임시표가 붙어서 생기는 반음수의 변화에 따라 두 음의 간격이 넓어지고 좁아지는 차이를 계산하여 완전, 장음정 이외에 단, 증, 감, 겹증, 겹감으로 음정의 성질을 구분할 수 있습니다.

ex 4 아래 5도 음정들의 온음과 반음수를 계산해보자

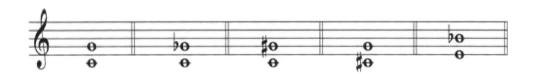

아래의 〈표2〉는 완전과 장음정에서 반음수에 따라 간격의 변화가 생길 때 달라지는 음정의 성질과 이름을 표시한 것입니다.

화살표 방향으로 움직이고, 화살표 하나가 반음 하나를 의미하고 있습니다.

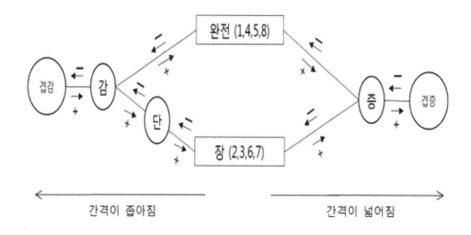

〈 표2 간격의 변화에 따라 달라지는 음정의 종류 〉

① 완전음정에서는 반음 한 개 만큼 간격이 줄면 (-) 감음정이 되고, 반음 두 개가 줄면 겹감음정이 됩니다. 또, 반음이 한 개 늘어나면(+) 증음정이 되고, 두 개가 늘어나면 겹증음정이 됩니다.

② 장음정에서는 반음이 한 개만큼 간격이 줄면 단음정이 되고, 두 개가 줄면 감음정이 됩니다. 세 개가 줄면 겹감음정입니다.

또, 반음 한 개만큼 간격이 늘면 증음정, 두 개가 늘어나면 겹증음정이 됩니다.

장음정에서는 단음정을 거쳐서 감음정으로 가지만 완전음정에서는 바로 감음정이 되는 것이 다릅니다. 따라서 완전음정인 기본인 1, 4, 5, 8도는 단음정이 될 수 없음에 주의하세요. 단1도, 단4도, 단5도, 단8도 라는 것은 존재하지 않습니다.

(4) 음정의 계산

임시표에 의해 음높이의 변화가 생길 때 윗 음에 ♭이 붙거나 아래 음에 #이 붙으면 음정의 간격이 좁아집니다.

① 간격이 좁아짐 : 윗 음에 ♭이 붙거나 아래 음에 #이 붙을 때

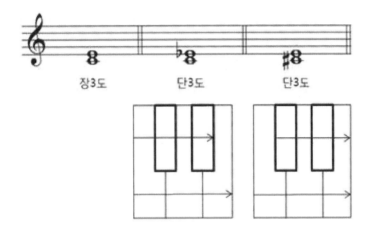

윗 음에 #이 붙거나 밑 음에 ♭이 붙으면 음정의 간격이 넓어집니다.

② 간격이 넓어짐 : 윗 음에 #이 붙거나 아래 음에 ♭이 붙을 때

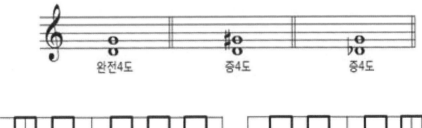

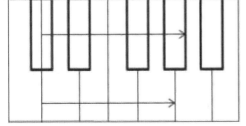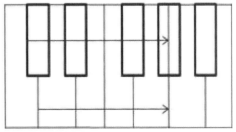

두 음에 같은 종류의 임시표가 같은 개수로 붙어있으면, 임시표를 제외한 원음으로만 음정을 계산해도 그 간격은 같기때문에 동일한 음정이 됩니다.

③ 두 음에 같은 종류의 임시표가 같은 개수로 붙어 있을 때

<음정 계산하는 순서>

① 두 음의 음이름을 읽고 도수를 계산한다.

   이 때 임시표가 있더라도 상관없이 음이름으로만 생각한다.

   (도-미=3도, 레-시=6도, 파#-도=5도)

② 음이름으로 계산한 도수에 따라

   기본음정인 완전(1, 4, 5, 8도)과 장(2, 3, 6, 7)으로 구분한다.

③ 임시표를 포함하여 온음수와 반음수를 계산한다.

④ 기본음정의 온음 반음수와 비교하여<표1>

   간격이 늘었는지 줄었는지를 확인하고 성질을 밝힌다.<표2>

ex 5 아래 여러 가지 음정들을 계산하여 이름을 써보자.

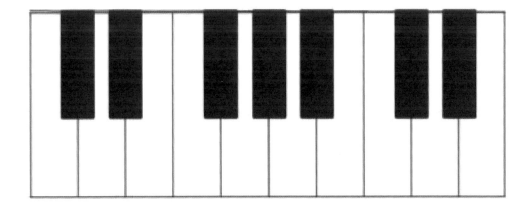

(5) 겹음정 (Compound Interval)

한 옥타브 즉, 8도 이내의 음정을 홑음정 Simple interval 이라 하고 한 옥타브 이상, 즉, 8도 이상의 음정을 겹음정 Compound interval 이라고 합니다.

겹음정은 9도, 10도, 11 등으로 부르기도 하지만 일반적으로 홑음정으로 변환해서 다루는 경우가 많습니다.

겹음정을 홑음정으로 바꿀 때는 겹음정 도수에서 7을 빼주면 됩니다.

즉 9도 음정이라면 9-7 = 2도 음정으로 바꾸어 생각합니다. 또 장, 단, 증, 감 등의 음정의 성질도 7을 빼서 변환한 홑음정의 성질과 같게 됩니다.

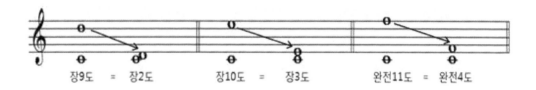

장9도　=　장2도　　　　　장10도　=　장3도　　　　　완전11도　=　완전4도

(6) 이명동음 음정 (Enharmonic Interval)

이름은 다르지만 같은 소리를 내는 음들을 이명동음異名同音 이라고 합니다.

예를 들어서 '파#' 과 '솔♭'은 아래 피아노 건반에서 알 수 있듯이 같은 자리에 있고 같은 소리를 내지요. 이러한 음들이 서로 이명동음 관계입니다.

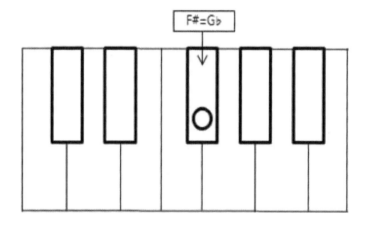

음정에서도 아래의 예와 같이 음이름은 다르지만 같은 울림을 내는 음정들을 이명동음 음정 혹은 딴이름 한소리 음정이라고 합니다.

| 증4도 | = | 감5도 | | 감4도 | = | 장3도 | | 단3도 | = | 증2도 |

같은 소리를 내지만 구성음을 어떤 음으로 표기하는가에 따라 음정의 종류도 달라짐을 알 수 있습니다.

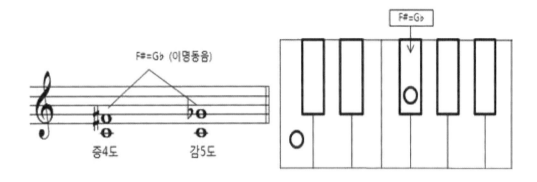

간혹 연주를 위한 악보들에서는 '도♭'을 '시'로 표기하는 등 임시표가 붙어 복잡한 음들을 이명동음의 쉬운 음들로 바꾸어서 표기하기도 합니다.

하지만 화성학에서는 엄격히 화음 구성과 조성 관계에 맞는 음을 사용하여야

하므로 복잡하다고 해서 임의로 음을 바꾸어 표시하지 않도록 주의하여야 합니다.

(7) 음정의 전위 (Inversion)

음정의 밑 음을 한 옥타브 올리거나 윗 음을 한 옥타브 내려서 음정을 구성하는 두 음의 위치가 바뀌게 될 때, 이를 음정의 자리바꿈, 전위라고 합니다.

이때, 원래의 음정을 원음정 Original Interval 이라 하고, 바뀐 음정을 자리바꿈 음정,

전위 된 음정Inverted Interval 이라 합니다.

바뀌는 음정의 성질과 도수는 일정하게 변하는데, 전위 된 음정의 도수는 3도가 6도, 2도가 7도로 바뀌는 것처럼 (전위음정 도수 = 9-원음정의 도수) 가 됩니다.

기본적인 장, 단, 증, 감 음정이 전위 될 때 나타나는 성질 변화는 아래 〈표3〉과 같습니다.

원음정의 성질	전위된 음정의 성질
장 (Major)	단 (minor)
단 (minor)	장 (Major)
완전 (Perfect)	완전 (Perfect)
증 (Augmented)	감 (Diminished)
감 (Diminished)	증 (Augmented)
겹증 (Double Augmented)	겹감 (Double Diminished)
겹감 (Double Diminished)	겹증 (Double Augmented)

〈표3 원 음정과 전위 음정의 성질〉

〈 Exercise 1 – 음정 〉

1. 주어진 두 음의 음정을 쓰시오.

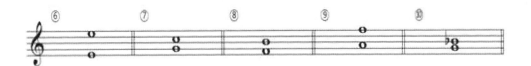

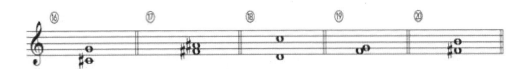

2. 낮은음자리표에 주의하여 주어진 두 음의 음정을 쓰시오.

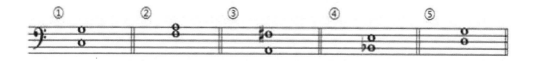

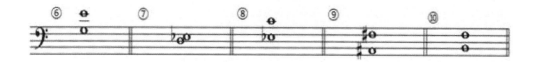

3. 표시된 음을 밑 음으로 하여 주어진 음정이 되도록 위의 음을 그리시오.

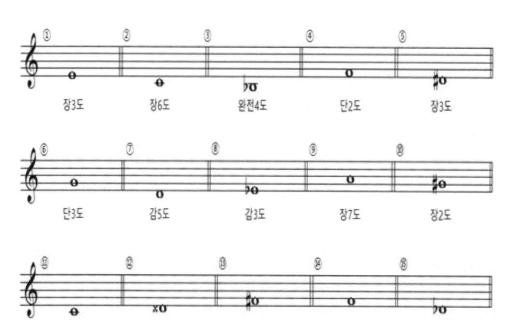

4. 표시된 음을 위의 음으로 하여 주어진 음정이 되도록 밑 음을 그리시오.

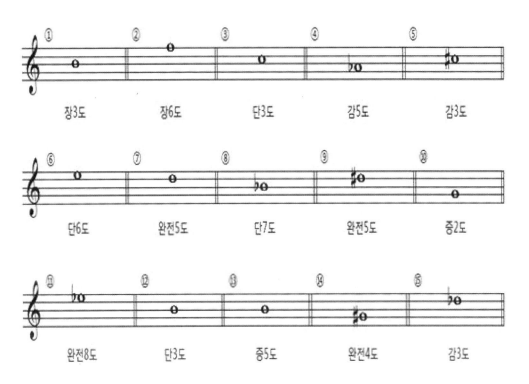

5. 주어진 음정의 옆에 전위 음정을 표시하고 각각의 음정 이름을 쓰시오.

음계

Scale

음계 Scale

(1) 음계의 의미와 종류

음계Scale 란 어떤 한 개의 기준 음에서부터 옥타브 간격까지를 특정한 규칙에 따라 음의 높이 순으로 배열한 음의 조합을 말합니다. 특정한 규칙이라는 것은 어떤 목적이나 민족성 등에 의해 결정되어 진 것을 말합니다.

보통 음계라고 하면 서양음악의 장조와 단조에서 주로 사용되는 장음계와 단음계만을 생각하기 쉬운데, 이외에도 동양의 5음 음계Pentatonic scale , 모든 간격이 온음으로만 이루어지는 온음 음계Whole-tone scale , 반음만으로 되어있는 반음계Chromatic scale , 아프리카에서 이주한 흑인들이 사용하던 블루스 음계Blues scale 등 수많은 음계들이 음악에서 사용되고 있습니다.

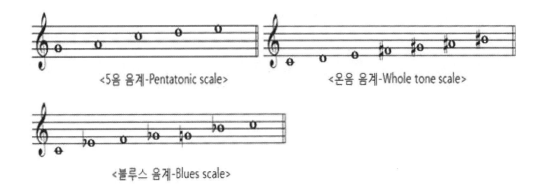

<5음 음계-Pentatonic scale> <온음 음계-Whole tone scale>

<블루스 음계-Blues scale>

〈 다양한 음계들 〉

온음과 반음의 조합으로 이루어진 음계를 온음계Diatonic scale , 반음 간격으로만 이루어진 음계를 반음계Chromatic scale 이라고 합니다.

아래의 음계들은 각각 온음계와 반음계의 예시입니다.

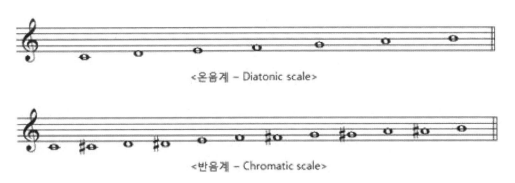

<온음계 – Diatonic scale>

<반음계 – Chromatic scale>

이렇게 음계라는 것은 민족, 시대, 장르 등에 따라 다양히 사용되고 있고, 현대음악이나 재즈 음악에서처럼 음악가의 창작 의도에 따라 때로는 실험적이고 자유롭게 만들어지기도 합니다.

장, 단조 체계를 갖는 조성 음악에서도 많은 종류의 음계가 사용되고 있으며, 그 중에서 특히 순차적인 7개의 음으로 이루어진 7음 음계가 통용되고 있습니다.

바로 우리가 익히 잘 알고 있는 장음계와 단음계를 말합니다.

장조에서는 장음계Major scale, 단조에서는 단음계Minor scale가 사용되는데, 단음계는 다시 필요에 따라 자연 단음계Natural minor scale ,

화성 단음계Harmonic minor scale, 선율 단음계Melodic minor scale의 3가지로 구분되며, 이 중 화성학적으로는 화성 단음계를 기본으로 사용합니다.

이 기본 장, 단음계들은 조성 음악에서 세계적으로 시대와 장르 구분 없이 널리 사용되고 있으므로 그 개념과 특징을 잘 알아두어야 합니다.

(2) 7음 음계 구성음의 명칭과 기능

17세기 이후부터 현재까지 민속음악이나 현대음악 등을 제외한 대부분의 음악들은 조와 조성 Key & Tonality 이라는 체계 속에서 작곡된 조성 음악입니다.

즉, 장조나 단조의 정해진 조성의 틀 안에서 구성되는 것이죠.

그리고 이 장조나 단조는 각각 장음계와 단음계를 기본 음계로 사용합니다.

장조에서 사용되는 장음계Major scale 와 단조에서 사용되는 3가지 단음계 Minor scale 은 모두 7음 음계로 되어있는데, 특정한 한음Tonic 을 중심으로 2도씩 순차적으로 7개의 음을 배열한 것입니다.

이때, 음계를 구성하는 음들의 명칭과 특징은 다음과 같습니다.

〈 장, 단음계를 구성하는 7개음들의 이름 〉

7개음 중 특히 밑줄 친 4개의 음들은 조성 안에서 중요한 기능을 하는 음들이며, 앞으로 자주 다뤄야 할 음들이므로 명칭을 기억하도록 합시다.

조성 음악에서는 그 조의 특성을 확실하게 드러내 주는 기능을 하는 음들이 중요하게 사용됩니다.

7개의 음들 중에서 가장 중요한 음은 당연히 조의 중심이 되는 음계의 제1음, Tonic이며 으뜸음이라고 합니다. 으뜸음은 그 조를 대표하며 종지를 이끌어 안정감을 실어주는 역할을 하고 조의 중심이 됩니다.

Dominant 와 Subdaminant 는 각각 딸림음, 버금딸림음 이라고 하며, 각각 Tonic의 완전5도 위와 아래에서 Tonic을 보조하는 역할을 하고, 강하게 Tonic 으로 진행하려는 성질을 갖고 있습니다.

또, 음계의 7음인 Leading-tone, 이끔음 역시 Tonic의 반음 아래에 위치하여, 반음 상행 진행하면서 Tonic 을 강하게 끌어오는 성질을 가지고 있습니다..

이처럼 음계에서는 가장 중요한 Tonic과 이를 잘 이끌어내고 보조할 수 있는 기능을 가진 4, 5, 7번째 음들이 중요하게 취급됩니다.

Tonic (으뜸음) : 음계의 첫 음으로 그 조의 중심이 되는 가장 중요한 음이다. 이 Tonic의 음이름이 그 음계의 이름이 될 뿐만 아니라 조 이름이 된다.
예를 들어 위의 악보에서 Tonic이 C음이기에 음계의 이름은 C Major scale이 되고 C가 Tonic인 조는 C장조 혹은 C단조가 되는 것이다.

Dominant (딸림음) : 음계의 5번째 음으로 한자로 소속되다라는 뜻의 속(屬)음 이라고도 한다. Tonic 다음으로 중요한 음이다.
Tonic의 완전5도 위에 위치하여 배음적으로 보면 원음인 Tonic과 가장 밀접한 관계에 있어 으뜸음에 속해있다고 볼수도 있기에 딸림음, 속음이라고 부른다.
토닉으로 진행하려는 성질이 매우 강하다.

Subdominant(버금딸림음) : 음계의 4번째 음으로 Tonic의 완전5도 아래에 위치한 관계이다. 버금이라는 말에서 알 수 있듯이, Dominant만큼은 아니지만 Tonic으로 진행하는 방향성을 가지고 있어 Dominant의 기능을 한다.

Leading-tone (이끈음) : 음계의 7번째 음으로 Tonic의 반음 밑에서 Tonic을 이끌어 오는 강한 성질을 가지고 있다.
따라서 이끈음 뒤에서는 Tonic음이 자연스럽게 나오게 됨으로써 조성 확립을 돕고 자연스러운 종지 선율을 만드는 역할을 한다.

(3) 장음계 (Major scale)

장음계는 장조의 대표 음계이며 3-4음과 7-8음 사이가 반음 간격이며, 나머지는 모두 온음 간격으로 이루어져 있습니다.
흔히 '도-레-미-파-솔-라-시-도' 로 알고 있는 음계가 바로 장음계, C Major scale 입니다.

아래의 음계는 도-C음을 첫 음으로 하여, 한 옥타브 위의 C음 까지를 순차적으로 배열하여 만든 C Major scale입니다.

V표시된 3-4음과 7-8음 사이가 반음 간격으로 되어있으며, 나머지 음들은 모두 온음 간격으로 되어 있습니다.

장음계를 만드는 임시표가 장조의 조표가 됩니다. 아래의 C 장음계를 만들어보니 올림표 # 나 내림표 ♭ 가 필요하지 않습니다. 그래서 C장조는 조표가 없이 피아노 흰건반의 음들로만 기본음이 이루어지는 것입니다.

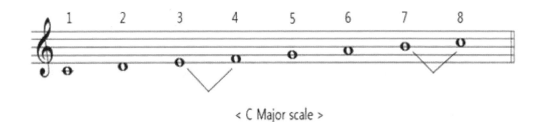

< C Major scale >

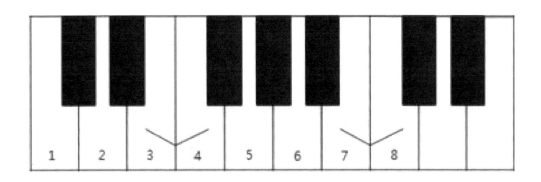

　　C 장조 에서는 주로 C Major scale의 음들을 사용해서 곡이 이루어지게 되는데 아래의 C 장조 선율의 음들을 살펴보면 도-레-미-파-솔-라-시 C Major scale의 구성음들이 주요하게 사용되었음을 알 수 있습니다..

　　어떤 음에서 시작하더라도 3-4음과 7-8음 사이만 반음 간격으로 구성되면 장음계가 됩니다.

　　예를 들어 솔, G음 으로 시작하는 G Major scale을 만들어보면 다음과 같습니다.

< G Major scale >

G음을 Tonic으로 한 옥타브 위의 G음 까지를 순차적으로 배열했더니, 3-4음은 변화시키지 않아도 '시-도' 로 자연스럽게 반음간격입니다.

하지만 7-8음, '파-솔'은 온음 간격이기 때문에 이를 반음 간격으로 만들기 위해 7음에 올림표 #을 붙여 간격을 맞추었습니다.

이 때, 7-8음을 반음으로 만드는 방법은 사실 7음에 #을 붙이는 방법 이외에 8음에 ♭을 붙이는 방법도 있지만, 주의할 점은 8음은 Tonic이기 때문에 변화시킬 수 없다는 점입니다.

또, 만약 8음을 반음 내려 7-8 사이를 반음으로 만든다면 6-7음이 '미-파' 가 되어 반음이 되어버립니다. 하지만 장음계는 3-4음과 7-8음을 제외한 다른 음들의 간격은 모두 온음이어야하므로 8음을 변화시키지 않고 7음을 변화시켜서 맞추어야 합니다.

ex 6 아래의 오선에 주어진 이름의 장음계 Major scale을 만들어 보자.

< F Major scale >

< D Major scale >

< Bb Major scale >

(4) 단음계 (Minor scale)

단음계는 단조의 기본 음계이며 3가지의 단음계가 사용됩니다.

① 자연 단음계 Natural minor scale

아래의 예는 라-A음을 첫 음으로 하여, 한 옥타브 위의 A음 까지를 순차적으로 배열하여 만든 A Natural minor scale 입니다..

V표시된 2-3음과 5-6음 사이가 반음 간격으로 되어있으며, 나머지 음들은 모두 온음 간격으로 구성되어 있습니다.

3가지 단음계 중에 이 자연 단음계를 만들 때 붙게 되는 임시표가 단조의 조표가 됩니다. A 자연단음계에는 임시표가 필요하지 않습니다. 따라서 A단조는 조표가 붙지 않습니다.

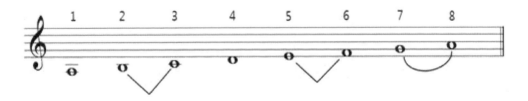

< A Natural minor scale >

자연 단음계는 조표에 따른 원음 그대로를 사용하여 부드럽게 들리기도 하지만, 7-8 음 사이가 반음이 아닌 온음으로 이루어져 있어서, 7-8음이 반음 간격인 장음계에 비해 7음이 Tonic을 강하게 이끌어 오는 힘이 약하여 7음 Leading-tone의 기능이 약화되어 있습니다.

따라서 상대적으로 조성감이 약해지기 때문에 자연 단음계를 사용한 곡은 민요나 동양 음악과 같은 특별한 느낌을 주기도 합니다.

그러나 조성을 확실히 부각시키고자 한다면 일반적으로 자연 단음계보다는 7음을 인위적으로 반음 올려 7-8음이 반음이 되도록 만든 화성 단음계 Harmonic minor scale 을 사용합니다.

② 화성 단음계 Harmonic minor scale

자연 단음계에서 조성감을 더 뚜렷이 하기 위하여 7음을 인위적으로 반음 올려 만든 음계이며, 3가지의 단음계 중에서 화성 단음계가 기본 음계로 널리 사용되고 있습니다.

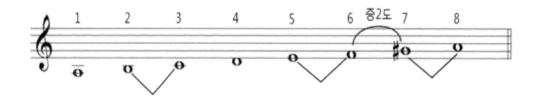

< A Harmonic minor scale >

위의 악보에 표시된 것처럼, 화성 단음계는 장음계에서처럼 7음에 Leading-tone기 능이 부여되어 강한 조성감을 가지며 변화된 7음에 의해 단조의 느낌이 강조되기도 합 니다.

하지만 7음을 반음 올리면서 6-7음 사이에 중2도가 생기게 되는데, 이 중2도 음정은 노래하기 어렵고, 자칫하면 화음과 부딪힐 수도 있어서 전통적인 클래식 음악의 분위 기에서는 이 음정을 선호하지 않았습니다.

따라서 화성 단음계에서 생기는 이 증2도를 피하기 위하여 6-7음이 연결되는 선율 라인에서는 선율 단음계 Melodic minor scale 를 사용하게 됩니다.

③ 선율 단음계 Melodic minor scale

자연 단음계의 7음을 반음 올림으로써 인위적으로 이끈음 기능을 만들어 준 것이 화성 단음계라고 설명했습니다. 하지만 7음을 반음 올리면서 필연적으로 6-7음 사이에 증2도의 음정이 생기게 되는데, 이 증2도는 선율적으로 불협화 음정이기 때문에 불안정한 느낌을 주고 유럽음악의 관점에서는 마치 아라비아의 음악과 같은 이질적인 느낌이 생기게 됩니다. 이를 해결하기 위해서 변화시킨 음계가 선율 단음계입니다.

선율 단음계는 화성 단음계의 6음까지 반음을 올려 6-7 사이의 증2도를 장2도로 만들었습니다. 따라서 만드는 방법은 자연 단음계의 6, 7음을 반음 올려 만들게 됩니다.

그런데, 이 선율 단음계는 상행과 하행의 음이 다르게 사용됩니다.
상행할 때는 자연 단음계의 6-7음을 반음 올리고, 하행할 때는 반음 올렸던 것을 원래대로 되돌려 자연 단음계의 상태로 내려오도록 합니다.

그 이유는 선율 진행이 8-7-6음으로 하행할 경우는 7음이 Tonic으로 진행하는 Leading-tone 기능을 하지 않기 때문에, 7음을 반음 올릴 이유가 없어진 것이죠.
7음을 반음 올리지 않으면 애초에 증2도도 생기지 않기 때문에 원래의 자리로 되돌아와서 자연 단음계로 내려옵니다.

< A Melodic minor scale >

일반적으로 조성이 확실한 단조 음악에서는 화성 단음계Harmonic minor scale 를 기본 음계로 사용하고 만약 선율 진행에 있어서 증2도가 생길 경우 이를 피하고자 한다면, 선율 단음계Melodic minor scale 로 대체하여 사용합니다.

자연 단음계는 동양적, 민속적인 느낌을 줄 수 있으며, 이 자연 단음계를 변화시켜서 화성, 선율 단음계를 만들고, 자연 단음계를 만들 때 필요한 임시표들이 단조의 조표가 됩니다.

ex 7 아래의 오선에 주어진 이름의 Minor scale을 만들어 보자.

< E Natural minor scale >

< E Harmonic minor scale >

< E Melodic minor scale >

40

1. 주어진 음을 Tonic으로 하는 Major scale을 만드시오.

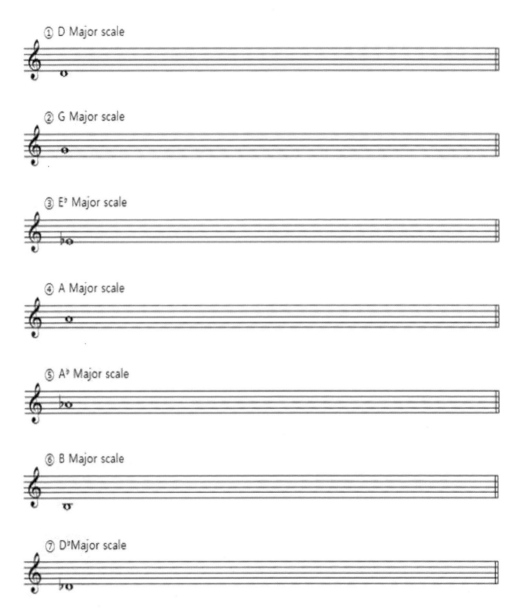

2. 주어진 음을 Tonic으로 하는 Natural minor scale을 만드시오.

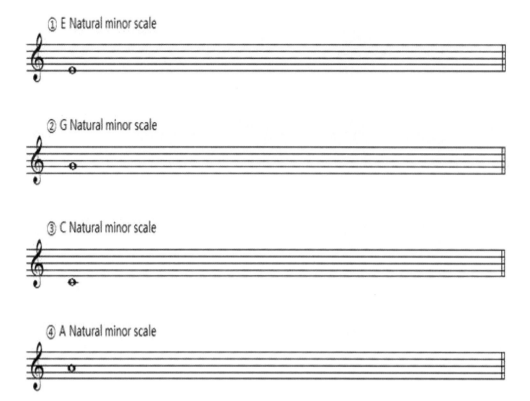

① E Natural minor scale

② G Natural minor scale

③ C Natural minor scale

④ A Natural minor scale

〈 음계 만드는 방법 〉

① 장음계는 3-4 음, 7-8 이 반음, 나머지 온음

② 자연 단음계는 2-3, 5-6 이 반음, 나머지 온음

　 화성 단음계는 자연 단음계의 7음을 반음 올림

　 선율 단음계는 자연 단음계의 6.7음을 반음 올리고, 하행 시 제자리 시킴

3. 주어진 음을 Tonic으로 하는 Harmonic minor scale을 만드시오.

① E Harmonic minor scale

② D Harmonic minor scale

③ C Harmonic minor scale

④ B Harmonic minor scale

⑤ F Harmonic minor scale

4. 주어진 음을 Tonic으로 하는 Melodic minor scale을 만드시오.

① E Melodic minor scale

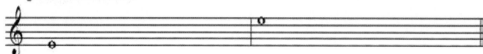

② C Melodic minor scale

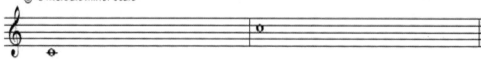

③ D Melodic minor scale

④ F# Melodic minor scale

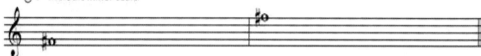

⑤ G Melodic minor scale

5. 다음의 선율들을 들어보고 각각 어떤 음계에서 만들어졌는지 생각해보시오.

조
Key

3

조 key

(1) 조와 조성(Key & Tonality)

음악에서 어떤 한음, Tonic 으뜸음 을 중심으로 음계와 화성이 종속적으로 관련되어 있는 체계를 조 Key 라고 하고, 이에 따라 각 조마다 가지고 있는 특성을 조성 Tonality 이라고 합니다.

서양음악에서 바로크 시대에 이르러 장, 단조의 조성 체계가 확립된 후 현재에 이르기까지 일부의 현대음악을 제외하면 대부분의 음악들은 조성 음악입니다.

조는 장조 Major key 와 단조 Minor Key 로 크게 성질이 구분되며 Tonic의 이름이 조의 이름이 되어서 '도 C' 가 Tonic음인 조의 이름은 'C Major key'다장조 가 됩니다.

이명동음 조를 제외하면 반음계의 12음 각각을 Tonic으로 하는 장조와 단조가 있어 총 24개의 조가 있습니다.

사용되는 이명동음 조까지 생각하면 Tonic의 음이름이 D♭ = C#, G♭ = F#, B=C♭

이 되어 장조와 단조가 각각 3개씩 추가되어 총 30개의 조가 됩니다.

(2) 조와 조표

장조는 장음계, 단조는 단음계를 기본 음계로 사용하며 이 전의 음계 챕터에서 언급 했듯이, 으뜸음 Tonic 을 시작으로 원하는 음계를 만들기 위해 온음과 반음 관계를 맞 추다 보면 C Major scale과 A minor scale을 제외한 다른 장, 단음계들은 고정적인 # 과 ♭ 의 임시표가 생기게 됩니다.

이 임시표들을 매번 붙이려면 악보도 복잡해지고 불편하겠죠. 그래서 편의상 오선 의 첫머리 음자리표 옆에 표시하여, 그 음의 자리에는 따로 임시표를 붙이지 않아도 효 력이 발생하는 것으로 하는데 이를 조표라고 합니다.

이 조표를 보면 그 악곡이 어떤 조로 이루어졌는지 쉽게 알 수 있습니다.

(단, 단음계에서는 Natural minor scale을 구성하는 임시표를 말하며, 이를 변화시켜 만드는 화 성 단음계의 7음이나 선율 단음계의 6,7음을 반음 올리는 임시표를 말하는 것이 아님에 주의할 것)

G(솔)음을 Tonic으로 G Major scale을 만들어봅시다.

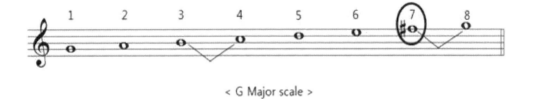

< G Major scale >

장음계는 3-4, 7-8음이 반음 간격이 되어야 하기 때문에 7음인 F에 #을 붙여 F# 음 이 구성음이 됩니다. - 솔 라 시 도 레 미 파# 솔

위의 G Major scale을 사용해 4마디의 선율을 만들어 보았습니다.

음계의 7음인 F#음을 사용할 때 매 번 임시표로써 표시하고 있는데, 만약 악곡이 길어지고 붙여야 하는 임시표의 수가 많을 때에는 매우 복잡하고 귀찮은 일이 될 수 밖에 없습니다..

따라서 이러한 불편한 점을 해소하기 위해 조표를 사용하게 되었습니다.

앞의 악보를 조표를 사용하여 간단히 표시하면 다음의 악보처럼 간단해집니다.

F에 붙는 #을 음자리표 옆에 한 번만 표시하면 모든 F음에는 #이 붙어있음으로 간주하는 것입니다.

으뜸음 G와 G Major scale에 의해 만들어진 위 악곡의 조이름은 G Major 사장조 이고 조표는 F 에 #이 한 개 붙게 됩니다.

이와같이 각 조에서 기본 음계를 만드는데 필요한 임시표들을 조표로 간단히 표시할 수 있고, 따라서 악곡에 사용되는 조표를 보면 그 악곡의 조를 쉽게 찾을 수 있습니다.

단, 조표가 붙는 순서와 위치는 정해져 있기 때문에 반드시 정확한 순서와 위치에 표기를 하여야 합니다.

그렇다면 다음 악곡의 조는 어떻게 알 수 있을까요?

일일이 사용된 음계를 분석해서 으뜸음을 찾지 않더라도 앞의 조표를 보면 그 곡의
조와 으뜸음을 알 수 있습니다.

조표를 보고 조를 찾는 방법은 다음과 같습니다.

〈 조표를 보고 조이름을 찾는 방법 〉

① 한 조표로서 표시되는 조에는 장조와 단조 2개의 조가 존재한다.

　악곡의 선율과 화성 등을 살펴보아 장조인지 단조인지 구분해야 하는데, 장, 단조
가 갖는 음악적 느낌으로 구분하기도 하고, 끝나는 음으로 Tonic을 찾기도 한다.

② 단조의 경우 화성 단음계를 기본으로 사용하기 때문에 7음에 고정적인 #이나 ♮의
올림 표시가 있는지 살펴보아 판단할 수 있다.

③ 원음(피아노 흰건반)만으로 이루어진 조. 즉, 조표가 없을 때는 C Major 다장조 혹은 A minor 가단조 이다.

④ 장조의 으뜸음 찾는 법

  a. #계열의 장조는 조표의 마지막에 붙은 #자리에서 2도 위 음이 으뜸음
  b. ♭계열의 장조는 조표의 마지막에 붙은 ♭자리에서 4도 아래가 으뜸음
  c. 찾은 음의 자리에 조표가 걸려 있는 지 확인하여 조표가 있는 음일 경우 반드시 조표인 #이나 ♭을 붙여준다.

⑤ 단조는 장조의 으뜸음을 먼저 찾고 그 음에서 단3도 아래의 음이 단조의 으뜸음이 된다.

위의 방법대로 조표에 따라 조이름과 으뜸음을 찾아봅시다.

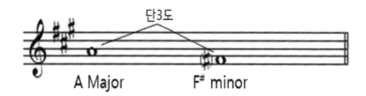

① 조표에 #이 세 개 붙으면 파, 도, 솔의 순서이고, 마지막 붙은 #의 자리인 솔에서 2도 올린 라, A음이 장조의 으뜸음이 됩니다.

② 따라서 장조일 경우 A Major가 되고, 단조일 경우에는 A에서 단3도 내린 F#음이 으뜸음이 되므로 F# minor가 됩니다.

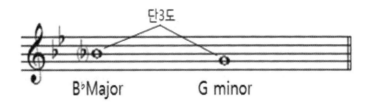

① 조표에 ♭이 2개 붙으면 시, 미의 순서이고 마지막 붙은 ♭의 자리인 미에서 4도 내리면 시-B음이 되는데, 시와 미에 플랫이 붙어있으므로 시-B음은 조표의 영향을 받는 음이라서 시 플랫, 즉 B♭음이 장조의 으뜸음이 됩니다.

② 따라서 장조일 경우 B♭Major가 되고 단조일 경우에는 B♭에서 단3도 내린 G음이 으뜸음이 되므로 G minor가 됩니다.

악곡의 장. 단조를 구분하여 조표를 보며 위와 같이 계산하면 조의 이름과 으뜸음을 알 수 있지만, 악곡의 이해와 분석의 가장 기본이 되는 조를 매 번 자리를 따져가며 찾는다면 시간도 걸리고 불편하겠죠.

그래서 가능하면 조표의 개수에 따라 조 이름의 순서를 외워서 빨리 조를 찾을 수 있도록 하고 조표와 조 이름에 익숙해지도록 합시다.

조표의 #과 ♭이 붙은 개수의 순서대로 나열하면 아래 원안의 내용과 같습니다.

장, 단조가 음절 상 3 : 4 가 4 : 3으로 바뀌는 점을 이용하면 기억하기가 조금 수월합니다.

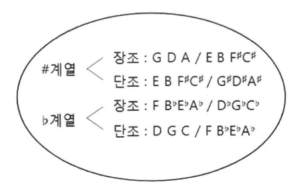

다음 오선에 표시된 조표를 보고 알맞은 장조와 단조의 으뜸음을 찾아 표시하고 밑에 조 이름을 써보자.

조표에 따른 조 이름과 으뜸음이 악보에 표시되어 있습니다. 한 조표로 장조와 단조 2개의 조를 표시할 수 있으며 장조의 으뜸음의 단3도 아래 음이 단조의 으뜸음이 됩니다.

원래는 불필요하지만, 이 표에서는 정확한 이해를 위하여 으뜸음 자리에 조표가 걸려있는 경우 속에 임시표로 표시해 주었습니다.

또, 편의상 C Major=CM, A minor=Am (or am) 로 줄여서 표기하기도 하는데 실제로 화성 분석이나 조를 표시할때에는 이렇게 간단히 쓰는 경우가 많습니다.

아래의 표를 참고하여 조표에 따른 조 이름과 으뜸음을 잘 기억 해두도록 하세요.

<조 이름과 조표>

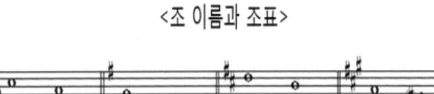

〈 표4 장조와 단조의 조이름과 조표 , 으뜸음 〉

(3) 조의 상호 관계

① 나란한 조 , 병행조 Relative key

조표가 같은 장조와 단조를 서로 나란한 조 혹은 병행조 Relative keys 라고 합니다. 장조의 으뜸음 단3도 아래가 단조의 으뜸음이 됩니다.

위의 <표4>에서 같은 조표로 표시된 한 마디 안에 있는 장조와 단조끼리의 관계가 바로 나란한 조 관계입니다. (GM 와 Em는 서로 나란한 조)

② **동주음 조**같은 으뜸음 조, Parallel Key

CM 와 Cm , GM 와 Gm 와 같이 으뜸음 Tonic 이 같은 장조와 단조의 관계를 동주음 조Parallel Key 라고 합니다.

조표는 서로 다르지만 Tonic과 Dominant, Subdominant, Leading-tone 등 주요 음들이 같기 때문에 쉽게 음계나 화음을 서로 차용하여 쓰기도 합니다.

③ **가까운 조, 근친조**Dominant & Subdominant Key

C Major를 기준으로 G Major와 F Major는 으뜸음이 각각 C의 위, 아래 완전 5도에 위치합니다. 이처럼 어떤 조에서 으뜸음의 위, 아래로 완전 5도 관계에 있는 음들은 각각 Dominant와 Subdominant 음이 되는걸 앞에서 배웠습니다.

이 음들을 으뜸음으로 하는 조들은 각각 원조를 중심으로 Dominant key와 Subdominant key가 되고 원조와 조표 한 개 차이가 나는 가까운 조들입니다.

이러한 가까운 조들끼리는 서로 공유하는 음이나 화음도 많고 성질이 비슷하여 악곡 내에서 자유롭게 전조시키거나 쉽게 서로의 화음을 차용하기도 합니다.
단, 근친조 관계는 장조는 장조, 단조는 단조끼리 성립됨에 주의하여야 합니다.

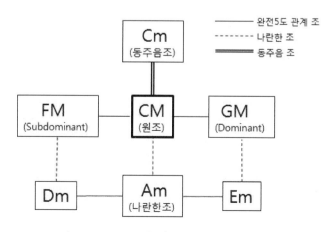

〈 표5 C Major key를 기준으로 살펴본 관계조들 〉

(4) 전조와 이조 (Modulation & Transposition)

① 전조 Modulation

전조는 곡이 진행하는 중간에 원래 시작했던 조가 다른 조로 바뀌는 것을 말하며, 전조가 일어나는 이유와 방법은 작곡가의 의도에 따라 다양합니다.

전조가 될때에는 원조 Original key 의 종지 cadence 와 바뀔 신조 New key 의 종지가 확립되어 서로의 조성이 명확히 밝혀지는 것이 중요합니다.

서로의 조성이 확실하여 조가 바뀌었다는 게 확실히 인식되어야지 비로소 전조가 성립되었다고 할 수 있는 것이기 때문입니다.

곡의 중간에서 전조가 되면 악곡의 색채감에 변화가 생겨 분위기를 쇄신하고 변화시키는 역할을 하기도 하고, 흔히 대중음악의 후렴구가 계속 반복될 때 분위기를 바꾸고 음역을 높임으로써 더욱 고조를 시켜주기 위해 키를 높이는 전조가 자주 사용되기도 합니다.

② 이조 Transposition

이조는 악곡 전체를 다른 조로 높이거나 낮추는 것을 말하며 악기나 목소리의 높이와 음역에 따른 이유에서 이조를 하는 경우가 대부분입니다.

또, 조표와 임시표가 많아 어려운 난이도의 악곡을 초보자가 연주하기 쉽도록 쉬운 조로 이조 시키는 경우도 많습니다.

이조할 때에는 으뜸음의 음정 관계에 따라 모든 음들이 그대로 평행이동을 하게 되므로 각 음들의 음정 관계는 일정하게 유지됩니다. 따라서 원조와 이조할 조의 으뜸음의 음정 관계를 따져서 모든 음들의 음정 관계를 동일하게 바꿔주면 됩니다.

아래의 예시는 원조가 C Major인 악곡을 각각 G Major와 F Major로 이조 시킨 것이며, 원조와 같이 모두 각 조의 으뜸음으로 시작하고 있고, 모든 음 간격이 G Major는 완전5도 위, F Major는 완전4도 위로 동일한 음정을 유지하며 이조 되었습니다.

원조 : C Major

→ G Major

→ F Major

〈 Exercise 3 – 조 〉

1. 다음 각 조표에 따라 장조와 단조의 으뜸음을 그리고 조이름을 표시하시오.

2. 주어진 음을 으뜸음으로 주어진 조성에 알맞게 마디의 앞에 조표를 표시하시오.

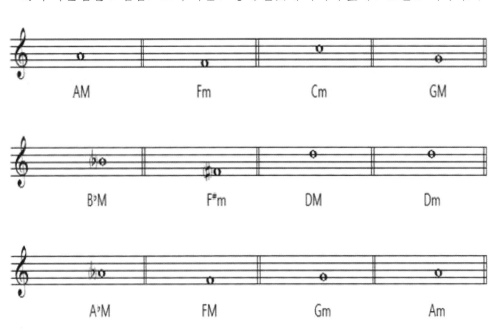

3. 각 조표가 붙는 개수에 따라 조이름을 순서대로 쓰시오.

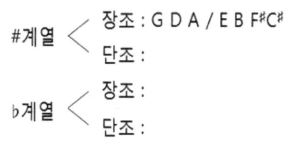

#계열 ⟨ 장조 : G D A / E B F#C#
단조 :

b계열 ⟨ 장조 :
단조 :

4. 관계조의 조건에 알맞게 빈칸에 들어갈 조이름을 쓰시오.

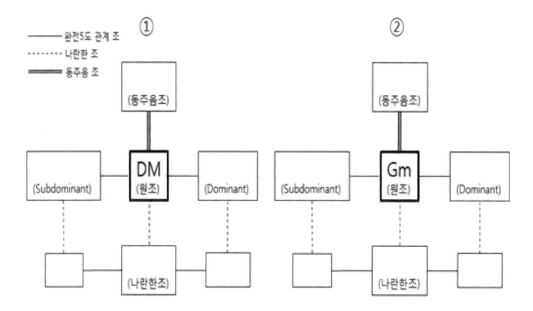

5. 다음의 선율을 주어진 조로 이조하여 악보를 그리시오. (조표를 표시할 것)

G Major

①

→ F Major

②

→ D Major

6. 다음의 곡들이 무슨 조인지 선율을 보며 찾아보자.

①

②

③

④

⑤

Chord & Harmony
3화음과 7화음

Ⅱ.
화음과 화성

2개 이상의 음이 동시에 울릴 때 이를 화음Chord 이라 합니다.

우리는 자주 접하는 C, G7, F 등의 익숙한 코드들만을 생각하기가 쉽지만 사실 이들은 음이 3도씩 쌓이는 형태의 화음 형태로 그 외의 수많은 화음들의 일부입니다.

물론 이 3도씩 쌓는 화음이 조성 음악에서 기본이 되는 형태이기 때문에 가장 많이 접할 수 있고, 익숙하고 자연스럽게 들립니다.

하지만 세상에는 그 외에도 4도 화음, 여러 음이 밀집된 크러스트 화음 등 많은 종류의 화음이 사용되고 있고, 목적에만 부합한다면 한계 없이 다양한 화음들이 음악을 이룰 수 있을 것입니다.

이러한 화음들이 일정한 법칙에 따라 구성되고. 유기적으로 연결되어 있는 것, 혹은 그러한 상태를 화성Harmony 라고 합니다. 특히 화성은 조와 조성하고도 밀접하게 연관되어 있습니다.

흔히 음악의 3요소로 리듬, 선율, 화성을 거론하는데, 생물의 심장박동에서 비롯되는 리듬과 언어나 감정 표현의 기능을 하며 발달한 선율의 특징이 본능적이고 원초적인 것이라면, 화성은 좀 더 고차원적인 음악적 요소라 할 수 있습니다. 특히 조성 음악 내의 화성이라면 정해진 조 안에서 조성 확립을 위해 기능적으로 조화를 이루며 연결되기 때문이죠.

서양 음악사에서도 화성의 등장은 시기적으로 가장 후대에 발생하였으며, 중세 시대의 단선율 미사곡인 그레고리안 성가를 6세기 무렵부터 성부를 나누어 간단한 다성부Polyphony 로 노래하면서부터 시작되었다고 할 수 있습니다.

예비학습에 이어서 드디어 시작하는 본 장에서는 3도씩 쌓이는 화음들인 3화음과 7화음에 대해 코드 구성과 종류 그리고 조성 안에서의 이 화음들의 연결과 진행을 설명하고 있습니다. 그럼 지금부터 차근차근 화음과 화성에 대해 알아가보세요.

3화음

Triad

3화음   7화음

3도 간격의 3개 음으로 구성된 화음을 3화음triad 라 하고. 4개로 구성된 화음을 7화
음seventh chord 라고 합니다.

1

3화음 Triad

3화음은 어떤 한 음 위로 3도씩 2개의 음을 쌓아서 총 3개의 음으로 이루어지는 화음으로 트라이어드 Triad 라고 합니다.

(1) 3화음의 구조

3화음은 어떤 음 위로 3도씩 2개의 음을 쌓아 만들며, 이 때 기준이 되는 가장 밑의 음을 근음 Root 라고 하고 근음에서 3도 위의 음을 3음 third , 근음에서 5도 위의 음을 5음 fifth 이라고 합니다.

3화음에서 근음, 3음, 5음이라는 명칭은 화음이 전위되어 음의 자리가 바뀌어도 변하지 않고 고정적인 것 입니다. 즉, '도 미 솔' 이 전위 되어 '미 솔 도' 가 되어도 항상 '도'는 근음, '미'는 3음, '솔'은 5음이라는 의미입니다.

(2) 3화음의 종류

3화음은 구성 음들의 음정 관계에 따라 장, 단, 증, 감의 4가지로 구분됩니다.
각각의 음정 관계는 다음과 같이 정리할 수 있습니다.

차례대로 근음 에서부터 3음까지의 간격과 3음에서부터 5음까지의 간격이 장3도인지 단3도인지에 따라 구분합니다.

① 장3화음 Major Triad   : 장3도 + 단3도
② 단3화음 Minor Triad   : 단3도 + 장3도
③ 감3화음 Diminished triad : 단3도 + 단3도
④ 증3화음 Augmented Triad : 장3도 + 장3도

<장3화음>   <단3화음>   <감3화음>   <증3화음>

(3) 3화음의 종류별 특징과 코드 네임

클래식 음악에서와 달리 대중 음악이나 재즈 음악에서는 코드네임을 오선 위쪽에 표시하여 지정된 코드를 표시 해주기도 하며 연주자들은 이를 보며 쉽게 그 부분의 코드와 음악적 특징을 알 수 있습니다.

코드를 표시할 때는 그 코드의 근음Root 의 이름을 영문 대문자로 적고, 그 오른쪽 옆으로 장, 단, 증, 감 등의 화음 성질과 7, 9, 11 등 더해지는 음들이 덧붙여져서 해당 코드의 종류와 구성음 등을 알 수 있도록 합니다

같은 근음에서 만들어지는 3화음이라도 종류에 따라 그 울림이 주는 느낌이 다른데, 이는 주관적이므로 개인에 따라 다른 느낌으로 받아들여질 수는 있습니다.

예를 들어 일반적으로 장조는 밝고 단조는 어둡다고 말하는 것처럼 장3화음에
비해 단3화음은 상대적으로 어둡게 느껴지는 게 일반적이지만 그렇지 않은 사람도 있을 수 있기에 코드 종류별로 본인의 느낌을 정립해보는 것도 좋습니다.

여기에서 말하는 각 코드 별 울림의 느낌은 매우 일반적인 내용이므로 이와 본인의 생각이 다르다 해도 문제 될 것은 전혀 없습니다.
다만 중요한 것은 코드의 종류에 따른 울림의 차이를 파악하고 각자의 느낌대로 기억하여 코드를 듣고 종류를 구분할 수 있도록 하는 것입니다.

그러면 이제 3화음의 종류에 따른 특징과 코드네임을 표시하는 방법을 하나하나 살펴보도록 하겠습니다.

① 장3화음Major Triad

장3도 + 단3도의 음정 관계로 이루어지는 장3화음의 특징은 보편적이고 안정적인 느낌의 코드이며 코드 네임은 근음Root 의 이름을 대문자로 표기합니다.

C, F, G

② 단3화음Minor Triad

단3도 + 장3도의 음정 관계로 이루어지는 단3화음은 장3화음의 3음이 ♭ 되어 만들어지며 장3화음에 비해 상대적으로 단조의 어두운 느낌을 가지고 있습니다.

코드 네임은 대문자 옆에 m 이나 - 기호 혹은 마이너의 약자인 min 을 붙여 표기합니다. Cm, C-, Cmin 등

장3화음과 단3화음은 각각 장조와 단조의 으뜸화음을 만드는 코드이기도 하고 코드 울림의 특징이 뚜렷이 구분되는 코드들입니다. 여러 코드의 소리를 듣고 비교 해 보세요.

③ 감3화음Diminished triad

단3도 + 단3도로 이루어지는 감3화음은 단3화음의 5음까지 반음 내려진 형태로 4가지 코드 중 코드 구성음들의 음정 간격이 가장 좁으며, 이에 불안정하고 긴장감이 강한 느낌을 주는 코드입니다.

이런 디미니쉬 코드를 심장을 졸이며 보게 되는 공포 영화나 스릴러 영화의 BGM 이나 사운드 이펙트로 적절하게 사용하면 효과적으로 긴장감과 긴박감을 더해줄 수 있습니다.

코드네임은 대문자 오른쪽 옆에 디미니쉬드의 약자인 dim 혹은 위쪽에 ° 기호를 붙여 표기합니다. Cdim , C°

④ 증3화음 Augmented Triad

장3도 + 장3도로 이루어지는 증3화음은 장3화음의 5음이 반음올라가 4가지 코드 중 코드 구성음들의 음정 간격이 가장 넓은 코드입니다.

증3화음의 독특한 사운드는 온음 음계 Whole tone scale 와 같이 미묘하거나 신비롭고, 몽환적, 미스테리어스한 느낌을 줍니다.

19세기 프랑스의 인상주의 작곡가인 드뷔시가 즐겨 사용한 코드로 인상주의 작품들의 독특한 분위기를 내는데 큰 역할을 하는 코드입니다.

코드네임은 근음의 대문자 오른쪽 옆에 어그먼티드의 약자인 aug 혹은 오른쪽 위쪽에 +기호를 붙여 표기합니다. Caug, C+

ex 9 주어진 음을 근음으로 해서 지정된 종류의 3화음을 만들고 오선의 위쪽에 코드 네임을 기입해 보자.

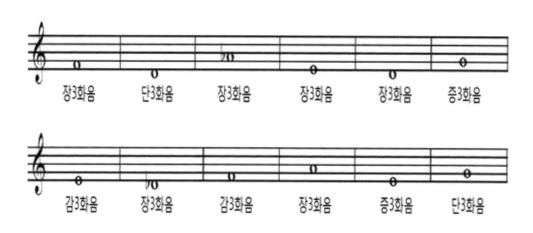

ex 10 주어진 코드 네임에 맞게 3화음을 만들어 오선에 기입해보자.

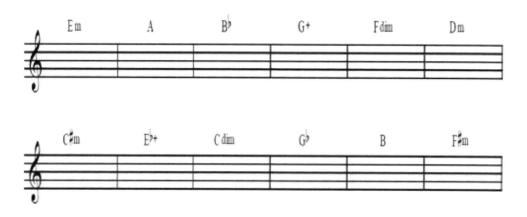

⑤ sus4 코드 Suspended 4th Chord

3도씩 순차적으로 쌓은 기본 형태는 아니지만 대중 음악에서 특유의 효과적인 색채감으로 인해 빈번히 쓰이는 화음으로 sus4 (써스-포-) 코드가 있습니다.

sus4는 해당 코드의 3음 대신 근음에서 완전4도 위의 4음을 추가했다는 의미로

Suspended 4th의 약자이며 알파벳 대문자 옆에 sus4를 붙여 표기합니다.

Csus4, B♭sus4

주의할 점은 4음이 근음에서 그냥 4도 위의 음이 아닌 음계의 4번째 음, 즉 완전 4도 음이라는 것을 잊지 말아야 합니다.

예를 들어 B♭sus4 라면 3음 대신 사용되는 4음이 증4도인 E가 아닌 완전 4도인 E♭이 되는 것입니다. 주로 근음에 플랫이 붙은 경우 틀리기 쉬우니 주의하세요.

(4) 조성과 음계에 따른 다이아토닉 3화음 (Diatonic Triads)

다이아토닉Diatonic 의 사전적 의미는 '온음계적'이라는 말입니다.

예비학습 음계 챕터에서 간단히 설명했듯이 온음계Diatonic scale 라는 것은 반음만으로 구성되는 반음계 Chromatic scale 에 대비되는 음계로, 온음과 반음이 섞여서 구성되어 있는 음계를 말합니다.

더 정확히는 5개의 온음과 2개의 반음으로 이루어진 음계, 즉 장조에서의 장음계와 단조에서의 단음계를 말하며, 조성을 이루는 음계입니다.

다이아토닉의 사전적 의미는 위와 같고, 다이아토닉 코드에 대해 더 간단히 말하면 각 장, 단조에서 기본이 되는 음계의 구성음 각각을 근음으로 해서, 그 음계의 음들만을 3도씩 쌓아서 만들어지는 7개의 코드들을 말합니다.

즉, C 장조의 다이아토닉 3화음은 C 장조의 기본 음계인 C Major scale을 이루는

도-레-미-파-솔-라-시 의 7개의 음을 각각 근음으로 삼아 '도-시'까지의 7개의 음만을 사용해 쌓아 만든 7개의 3화음들을 뜻하는 것입니다.

일반적으로 조성음악의 단조 곡에서는 자연 단음계보다는 화성 단음계가 기본 음계로 사용되므로 단조의 다이아토닉 음계나 코드는 화성 단음계에 기초해서 설명하고 있습니다.

① 장조의 다이아토닉 3화음

C Major scale의 구성음들로 이루어진 다이아토닉 3화음은 다음과 같으며 으뜸화음인 Tonic 코드부터 순서대로 1도 코드, 2도 코드, 3도 코드... 라고 말합니다. 또 이코드들을 로마숫자로 코드 밑에 표기하는 것이 화성 분석입니다.

화성 분석을 할 때 유의해야 할 점은 반드시 먼저 조성을 밝혀서 표기해야 한다는 점입니다.

예를 들어 C장조의 1도 코드인 C코드가 G장조에서는 4도, F장조에서는 5도 코드가 되는 것처럼, 조성과 으뜸음에 따라 그 코드의 순서가 바뀌기 때문입니다.

따라서 항상 조성을 먼저 기입하고 분석해야 합니다.

아래의 악보는 C장조의 다이아토닉 3화음을 찾아 오선에 기입하였고, 위에는 코드네임을 아래에는 화성 분석을 표기한 예제입니다.

\<C Major의 다이아토닉 3화음\>

ex 11 D장조의 기본 음계인 D Major scale에 D장조의 다이아토닉 3화음을 찾아서 기입하고, 화
성 분석 기호와 코드 네임을 표기해보자.

② 단조의 다이아토닉 3화음

엄밀히 말하면 단음계 중 다이아토닉 음계는 자연 단음계이지만 조성음악에서는 화
성 단음계를 대부분 기본 음계로 사용하기 때문에 이 책에서는 화성 단음계로 설명하
고 있습니다.

A단조의 화성 단음계는 다음과 같습니다.

< A Harmonic minor scale >

자연 단음계의 7음을 반음 올려 솔이 아닌 솔#을 7음으로 가지고 있음에 유의하여
위의 1-7까지의 음들로 3화음을 쌓으면 아래 악보와 같이 코드들이 만들어지고 이 7개
의 코드들이 A단조의 다이아토닉 3화음입니다.

<A minor의 다이아토닉 3화음>

ex 12 다음 오선에 D 단조의 기본 음계인 D Harmonic minor scale에서 다이아토닉 3화음을 만든 후, 화성 분석 기호와 코드 네임을 표기해보자.

장조와 단조의 다이아토닉 3화음을 만들어 보니, 조와 으뜸음이 달라져도 I도에서 부터 VII도 까지 순서대로 장, 단, 증, 감의 코드 성질이 동일하다는 것을 눈치 챘을 것입니다.

같은 음정으로 배열되는 장음계와 화성 단음계 음계에서 만들어지기 때문에 시작음이 다르더라도 당연히 코드의 종류는 같게 만들어집니다.

이를 정리하면 아래의 〈표6〉 과 같습니다.

장조	단조	화음별 기능과 명칭
I	I m	으뜸3화음(Tonic triad)
II m	II°	윗으뜸3화음(Supertonic triad)
III m	III⁺	가온3화음(Mediant triad)
IV	IV m	버금딸림3화음(Subdominant triad)
V	V	딸림3화음(Dominant triad)
VIm	VI	버금가온3화음(Submediant triad)
VII°	VII°	이끈3화음(Leading-tone triad)

〈 표6 장조와 단조의 다이아토닉 3화음 종류와 명칭 〉

위의 표에서 알 수 있듯이 장조와 단조 공통적으로 화음의 I도에서 VII도 까지의 도수에 따라 주어진 명칭이 있는데, 이 중 I도 - 토닉 코드Tonic chord , IV도- 서브도미넌트 코드Subdominant chord , V도 - 도미넌트 코드Dominant chord , VII°도 - 리딩톤 코

드Leading-tone chord 의 4가지 코드들은 조성을 강하게 나타내주어 기능적으로 매우 중
요한 역할을 하는 코드이므로 그 명칭을 기억해두시기 바랍니다.

ex 13 각 주어진 조의 Ⅰ(Tonic), Ⅳ(Subdominant), Ⅴ(Dominant), Ⅶ°(Leading-tone)코드를
찾아서 오선에 음표를 그리고 코드 네임과 화성 분석 기호를 표기해보자. (단조는 화성 단
음계를 사용한다.)

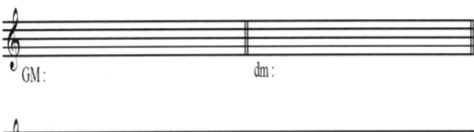

GM :   dm :

B♭M :   bm :

(5) 주3화음과 부3화음

그 조에서 가장 중요한 I도 토닉Tonic 코드를 비롯해 이의 위, 아래로 완전5도 관계에 위치하는 IV도 서브도미넌트Subdominant 코드와 V도 도미넌트Dominant 코드의 3개의 코드는 조성을 확립하는 중심적인 역할을 하는 코드들입니다.

각 조의 I, IV, V화음을 주3화음이라 하고 이외의 II, III, VI, VII도의 화음을 부3화음이라 합니다. 부3화음은 주3화음의 대리적 기능이나 보조하는 역할을 하기도 합니다.

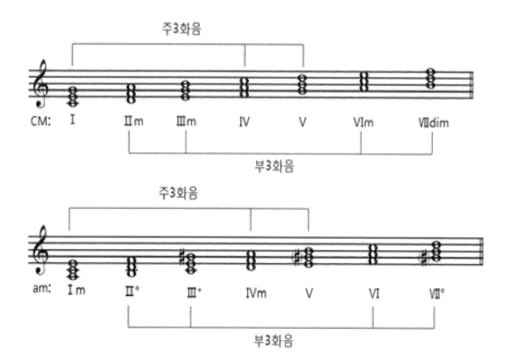

(6) 3화음의 전위 (Inversion chord)

3화음의 근음, 3음, 5음은 항상 밑에서부터 순서대로 쌓는 것이 아니고 때로는 음악적 진행이나 소리의 밸런스 등 여러 상황에 따라 자리를 바꾸어서 배치 하기도 합니다. 이렇게 코드 구성음들의 순서가 바뀌어 가장 낮은 베이스 음으로 근음이 아닌 3음, 5음 등 다른 음이 위치한 상태를 코드의 자리바꿈, 전위 코드Inversion chord 라고 합니다.

가장 아래에 위치하는 베이스에 어떤 음이 오는가에 따라서 근음이 위치한 상태를 기본 위치라 하고, 3음이 위치한 상태를 제1전위 (첫째자리바꿈), 5음이 위치한 상태를 제2전위 (둘째자리바꿈)이라 하며, 음들의 자리가 바뀌어도 그 화음의 근음, 3음, 5음은 고유한 것으로 명칭이 변하지 않습니다.

즉, 코드의 어디에 위치하든지 '도-미-솔'로 구성된 C코드에서 '도'는 근음, '미'는 3음, '솔'은 5음입니다.

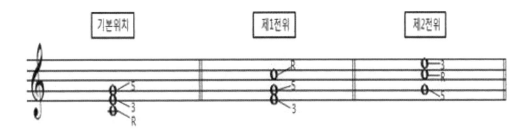

(C코드의 기본 위치와 전위 형태)

화음의 전위 형태를 코드네임으로 표기할 때는 가장 아래 위치한 베이스 음이름을 코드 옆에 슬래쉬, / 를 긋고 표시합니다. 슬래쉬는 영어의 전치사 on으로 읽기 때문에 이를 온 on 코드 또는 슬래쉬 코드라고 합니다.

C/E 라면 베이스 E음위에 만들어진 C코드라는 뜻이 됩니다.

간혹 C/D처럼 코드의 구성음이 아닌 비화성음을 베이스로 사용하기도 하는데 중심이 되는 기본 코드는 C코드이지만 베이스음은 D음으로 구성하라는 뜻으로 이해하면 됩니다.

전위된 화음의 화성 분석 표기는 코드 네임 표기와 같이 슬래쉬를 사용합니다. 베이스에 3음이 위치하는 제1전위에는 슬래쉬 / 옆에 3이란 숫자를 쓰고, 베이스에 5음이 위치하는 제2전위에는 슬래쉬 / 옆에 5라는 숫자를 써서

Ⅰ/3 , Ⅰ/5 의 형태로 표시합니다.

즉, 베이스에 오는 음이름의 숫자를 적어주게 됩니다.

전위 코드는 베이스에 어떤 음이 오는지에 따라 정해지는 것이고 베이스 위의 다른 음들의 위치는 상관이 없습니다. 예를 들어 피아노 악보에서 가장 낮은 음을 연주하는 왼손이 '도'이면 위의 오른손이 연주하는 음들이 '미-솔-도' 이거나 '솔-도-미' 이거나 상관없이 베이스가 근음이므로 기본 위치인 C코드가 됩니다.

그러나 왼손의 가장 낮은 음이 '미' 3음이라면 오른손이 '도-미-솔'을 순서대로 짚는다 해도 제1전위 형태인 C/E코드가 되고, 왼손의 가장 낮은 음이 5음인 솔이라면 제2전위 형태인 C/G코드가 되는 것입니다.

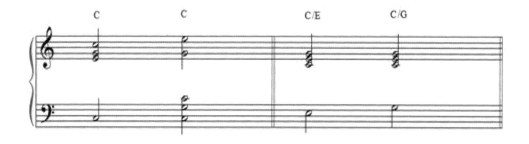

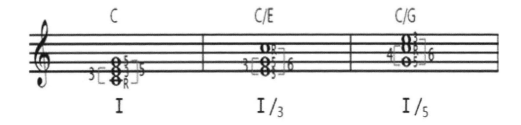

위의 세 개의 코드에서 음표 좌우로 3 5, 3 6, 4 6 이라는 숫자가 있습니다.

이 숫자들은 각각 베이스음 위에 쌓여있는 음들의 음정입니다.

C 코드를 보면 베이스음인 근음 C 에서부터 3도위의 E, 5도 위의 G음이 더해져서 C 코드가 되고, 베이스에 근음이 있어 기본 위치입니다.

C/E 코드는 베이스 음 E 에서부터 3도 위의 G, 6도 위의 C음이 더해져서 베이스에 3음이 위치한 제1전위 형태를 만들고 있습니다.

C/G 코드는 베이스 음 G 에서부터 4도 위의 C, 6도 위의 E음이 더해져서 베이스에 5음이 위치한 제2전위 형태를 만들고 있습니다.

이렇게 베이스 음과 위에 쌓인 음들의 음정을 세서 나오는 숫자 3 5, 3 6, 4 6, 의 숫자로 코드의 이름을 알아낼 때 이용할 수 있습니다.

예를 들어 베이스 음으로부터 위의 음들의 음정을 세어보니 3도 6도가 나왔다면 3 6 에 해당하는 제1전위 형태의 코드라는 것을 알 수 있습니다.

제1전위는 베이스 음이 해당 코드의 3음입니다. 그럼 코드의 3음을 알았다면 이제 가장 중요한 근음을 알 수 있지요.

3음의 3도 아래 음이 바로 근음이 될테니까요.

〈 3화음 코드의 근음을 찾는 공식 〉

3 5 = 기본위치 = 근음이 베이스

3 6 = 제1전위 = 3음이 베이스 = 베이스의 3도 아래 음이 근음

4 6 = 제2전위 = 5음이 베이스 = 베이스의 5도 아래 음이 근음

코드 네임을 알기 위해서는 반드시 근음을 먼저 찾아야 합니다.

위의 공식을 기억해 둔다면 어떤 코드의 근음을 모른다 해도 베이스 음 위의 음들의 음정 숫자를 세서 공식에 대입해 근음을 찾아낼 수 있습니다.

〈 Exercise 4 – 3화음 〉

1. 주어진 코드네임에 알맞게 오선에 3화음을 만드시오.

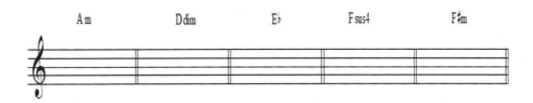

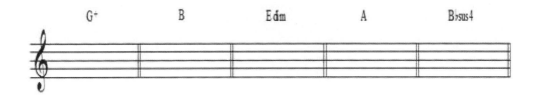

2. 기입된 코드에 알맞은 코드네임을 오선 위쪽에 기입하시오.

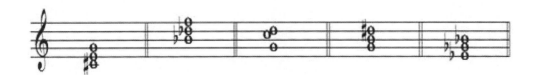

3. 주어진 조건에 맞게 코드 네임과 3화음을 기입하시오.

Gm/D   Db/F   E/G♯   Caug/E   C♯m/G♯

4. 주어진 3화음의 코드네임을 오선 위에 기입하고 밑에 화성분석 하시오.

①

gm :

②

DM :

③

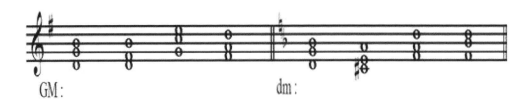

GM :　　　　　　　　　　　　　dm :

④

am :

⑤

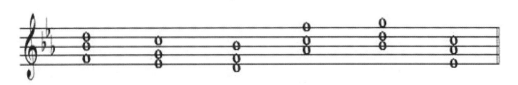

EbM :

5. 오선에 주어진 조성의 기본 음계를 사용해 다이아토닉 3화음을 만들고 화성 분석과 코드 네임을 기입하시오. (단조는 화성 단음계를 사용할 것)

①

A♭M:

②

f#m:

③

B♭M:

④

bm :

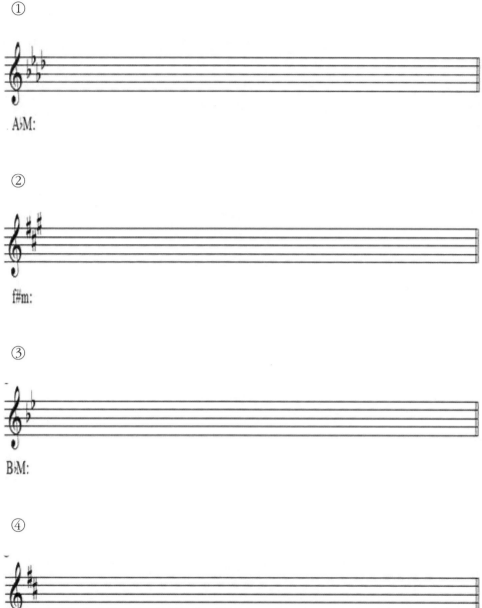

⑤

fm:

6. 다음 표의 빈칸을 채워 다이아토닉 3화음의 기능에 따른 명칭에 관한 표를 완성하시오.

장조	단조	화음별 기능과 명칭
I	I m	
		윗으뜸3화음(Supertonic triad)
		가온3화음(Mediant triad)
IV		
V	V	딸림3화음(Dominant triad)
		버금가온3화음(Submediant triad)
VII°		

7. 다이아토닉 3화음의 1도부터 7도까지의 화성 기호를 암기하여 써보자.

장조 :

단조 :

8. 주어진 조성의 주3화음과 부3화음을 각각 오선에 그리고 코드 네임과 화성분석 기호를 표기하시오.

종지
Cadence

1

종지 Cadence

악곡의 화성 진행에서 프레이즈나 악절 간 매듭을 만들어주고, 쉬는 부분과 끝나는 부분을 명확하게 하기 위한 기능을 종지 Cadence 라고 합니다.

종지는 프레이즈의 구분이나 음악적 호흡에 있어서 중요한 역할을 하기 때문에 화성 진행에서 정확히 파악하고 적절한 위치에 배치되어야 합니다.

우리는 음악을 들을 때 종지를 통해 구간의 반복이나 대조를 느낄 수 있고, 자연스럽게 호흡을 주며 연주를 하고 감상을 하게 됩니다.

이러한 종지가 적절히 맺어지지 않는다면 곡을 쉽게 잘 이해할 수 없고, 자연스럽게 느껴지지 않을 수 있습니다. 따라서 음악을 이해하는데 있어서 화성적인 부분에서는 이 종지에 대한 인식이 매우 중요합니다.

종지는 3화음 또는 7화음 어떤 형태로든 가능하지만 이 책에서는 간단히 3화음으로 설명하고 있고, 내용은 7화음에서도 동일합니다.

일반적으로 많이 사용되는 종지는 코드 진행에 따라 정격 종지, 변격 종지, 반종지, 위종지의 네 가지로 구분할 수 있습니다.

〈 화성 진행에 따른 종지의 종류 〉

1. 정격 종지 (Authentic Cadence) : V – I
   ① 완전 정격 종지 (Perfect Authentic Cadence)
   ② 불완전 정격 종지 (Imperfect Authentic Cadence)

2. 변격 종지 (Plagal Cadence) : IV – I

3. 반종지 : – V

4. 위종지 : V –VI

(1) 정격 종지 (V– I)

정격 종지는 5도에서부터 도입되는 종지라는 점에서 가장 완전하고 많이 쓰이는 종지입니다. 음악에서 완전5도라는 음정이 갖는 의미는 매우 큽니다.

이는 배음열의 원리와 수평적 멜로디에서 생기는 이끈음 기능과도 연관이 되어 있고, 그로 인해 각 조의 5도인 도미넌트 코드는 I 도인 타닉 코드로 진행하려는 성향이 매우 강하게 나타납니다. (V-> I)

V 화성에 3음으로 포함된 이끈음이 으뜸음으로 해결되기 때문에 선율적으로도 끝맺는 느낌이 가장 강하며 이러한 해결이 멜로디나 탑노트 Top note 라고도 하는 맨 위의 소프라노 성부에 올 때 가장 효과적입니다.

이러한 정격 종지는 두 가지로 구분하는데, 해결되는 I 코드가 기본 위치로 되어있고, 탑노트에 근음이 배치된 상태를 <완전 정격 종지>.

해결되는 I 가 전위 코드로 되어있거나 탑노트에 근음이 아닌 3음이나 5음이 배치된 상태를 <불완전 정격 종지>라 합니다.

당연히 가장 안정적이고 종지감이 강한 것은 <완전 정격 종지> 입니다.

① 완전 정격 종지

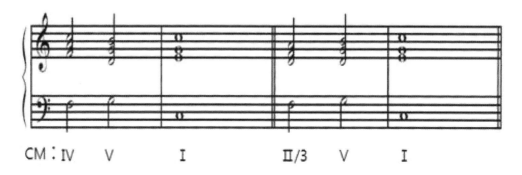

② 불완전 정격 종지

(2) 변격 종지 (IV – I) : 아멘 종지

　도미넌트 코드에 비해 서브 도미넌트 코드는 이끈음이 포함되지 않기 때문에 정격 종지에 비해 종지감은 약하지만, 으뜸음을 연결시키며 부드럽게 끝을 맺는 느낌과 함께 반대로 갑작스러운 해결감도 가지고 있어서 독특한 느낌을 줄 수 있는 종지입니다.

　교회음악인 찬송가에서 정격 종지로 곡이 완전히 끝난 후에 변격 종지를 추가하여 '아멘'을 낭송하게 하는데서 유래하여 〈아멘 종지〉라고도 합니다.

(3) 반종지 (– V)

　악곡의 중간에서 휴식이나 마침을 할 때 사용되며, 불완전한 마침이기 때문에 반종지 뒤에는 다음 악구로 연결됨을 뜻합니다.

　일반적으로 8마디의 한도막 형식에서는 절반 위치인 네 번째 마디에서 주로 사용되고, 곡의 중간에 큰 호흡을 주기 위해 사용되는 경우가 많습니다.

(4) 위종지 (V-VI)

　Ｖ-Ⅰ 의 정격 종지에서 Ⅰ도의 대리코드인 Ⅵ도로 해결되는 종지를 말합니다.

　Ⅰ도 화음으로 끝맺음 되는 듯 하다가 끝내지 않고 Ⅵ도 로 이어지며 진행하기 때문에 끝날 것이라는 예측을 깨는 효과가 있고, 불완전한 마침이기 때문에 악곡의 중간에서만 사용됩니다.

　위종지는 거짓종지, 거짓 마침 이라고도 합니다.

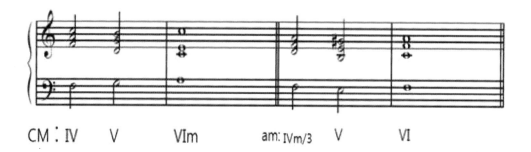

CM : IV 　　V 　　　VIm 　　　am: IVm/3 　　V 　　　VI

2

화성 분석 연습

4성체로 이루어진 전통 화성법에 의한 화성 진행과 구성법은 매우 안정적이고 균형 잡힌 화성 울림을 보여주며 현재에도 클래식 음악의 작, 편곡에는 물론 대중음악의 각 분야에서도 스트링, 브라스 편곡 등의 오케스트레이션이나 합창 코러스 등에 응용되어 널리 사용되고 있습니다.

이 장에서는 전통 화성법에 의한 4성부 곡을 통해 화성 분석법을 더 자세히 알아보겠습니다.

4성부의 화성 분석을 할 때에는

① 조표와 악곡을 분석하여 조성을 파악하여 기입합니다.

② 성부에 따라 각 화음의 구성음을 파악하고, 주어진 조에서 몇도 화음인지를 로마 숫자로 표시합니다.

ex 13 다음의 4성부 악곡을 화성 분석하고 코드네임도 기입하시오.

〈 Exercise 5 − 종지와 화성분석 〉

1. 다음 4성부 악곡을 화성분석 하고 코드 네임을 적으시오

①

②

③

④

2. 다음의 곡들을 화성분석하고 코드 네임을 적으시오.

①

②

③

④

3. 다음 '학교 종' 동요의 멜로디에 어울리는 다이아토닉 코드를 붙이고 간단한 왼손 반주 패턴을 만들어 악보에 그리시오. 악보의 위와 아래에 코드네임과 화성분석을 기 입하시오.

4. 동요 '고향의 봄' 멜로디에 적절하게 다이아토닉 코드를 붙이고 코드네임과 화성 분석을 기입한 후, 종지를 찾아 그 종류를 적으시오.

5. 다음 오선에 8마디 형태의 간단한 노래를 선정하여 조표에 맞는 조성으로 멜로디를 적고, 다이아토닉 3화음 코드를 사용해 화성 진행을 만들어보자. 또, 오선 위쪽에는 코드네임을 기입하고 아래쪽에는 조성표시와 화성 분석을 한 후, 해당 곡에는 어떤 종지들이 사용되었는지 찾아보시오.

①

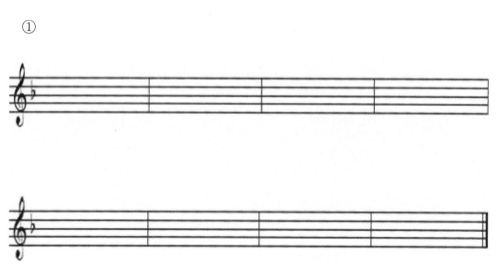

②

7화음

Seventh Chord

7화음 Seventh Chord

어떤 음으로부터 위로 3도간격으로 연속 된 3개의 음을 쌓으면 총 4개의 음으로 이루어진 7화음이 됩니다. 3화음Triad 보다 3도 위의 한음을 더 가지고 있으며 이 음은 근음에서 7도 위에 있기 때문에 7음이라 부르며 이 7음을 포함하는 화음이기에 7화음7th chord 라고 합니다.

일부 음악 이론서에서는 음이 3개로 이루어진 3화음에 대비하여 음이 4개인 4화음이라 하기도 하지만, 일반적으로는 음의 개수보다는 7음이 추가되었을 때의 코드 색채감의 변화됨에 더 큰 의미를 두어 7화음, 세븐스 코드 합니다.

7화음을 구성하는 각 음들의 명칭은 3화음과 마찬가지로 근음Root 부터 3도씩 쌓이는 순서에 따라 근음, 3음, 5음, 7음이 됩니다.

각 음들의 특징을 살펴보면, 근음은 코드의 중심이 되고, 3음은 장, 단의 코드 성질을 결정짓고, 7음은 7화음을 만드는 음으로써의 의미가 있습니다.

또, 이 3음과 7음은 7화음의 성질과 색채감을 결정 짓는 음들로 이 3,7음을 7화음의 가이드 톤 Guide tone 이라고 합니다.

상대적으로 비중이 적은 5음은 생략되기도 하고 큰 영향을 끼치지는 않습니다.

흔히 세븐스 코드라고 하는 7화음은 팝이나 재즈 음악에서는 매우 빈번히 사용되기 때문에 3화음보다는 7음이 더해진 7화음에서 파퓰러한 색채를 보다 강하게 느낄 수 있습니다.

따라서 팝이나 재즈 음악에 적용하기 위해서는 이 7화음들을 자유롭게 구사할 수 있도록 이론과 더불어 항상 코드의 울림을 직접 귀로 듣고 연주해보며 화음에 따라 다른 느낌들을 잘 정리하여 기억해두는 노력이 필요합니다.

(1) 기본 7화음

7화음은 구성 음들의 음정 관계에 따라 메이저 세븐 코드 Major 7th Chord , 마이너 세븐 코드 Minor 7th Chord , 도미넌트 세븐 코드 Dominant 7th Chord , 디미니쉬드 세븐 코드 Diminished 7th Chord , 오그멘티드 세븐 코드 Augmented 7th Chord 등으로 구분합니다.

그 중 특히 Major, Minor, Dominant, Diminished 7화음이 기본적으로 많이 사용되는 코드이기에 본 교재에서는 이 4가지 종류의 7화음을 기본 7화음으로 분류하여 설명하고 있습니다.

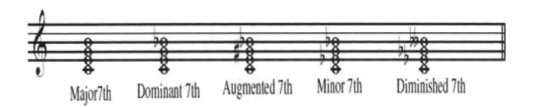

① Major 7th Chord : 장3화음 + 장3도

장3화음의 5음 위로 장3도의 음을 더 쌓아서 이루어지는 7화음으로 근음으로부터 장7도 위의 7음을 가집니다.

코드네임은 CM7, CMaj7, Cmaj7, C△, C△7등으로 다양히 표기합니다.

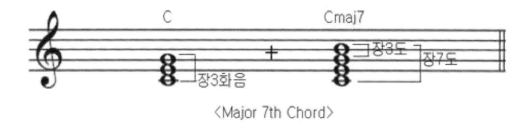

〈Major 7th Chord〉

ex 14 코드 네임에 맞게 오선에 Major 7th 코드를 만들어 보시오.

다음은 여러 가지 메이저 세븐 코드를 사용해 작곡한 악곡입니다. 잘 듣고 메이저 세븐스 코드의 느낌을 기억하도록 합시다.

② Dominant 7th Chord : 장3화음 + 단3도

장3화음의 5음 위로 단3도의 음을 더 쌓아서 이루어지는 7화음으로 메이저 세븐 코드의 7음을 반음 내린 것입니다.

근음으로부터 단7도 위의 음을 7음으로 가지며 코드네임은 간단히 알파벳 옆에 숫자7을 붙여 C7으로 표기합니다. 아마 G7 코드를 한번 쯤은 본적이 있을텐데, 이 코드가 바로 도미넌트 7화음입니다.

도미넌트라는 명칭에서 알 수 있듯이 어떤 조 Key 의 Ⅴ도가 되는 7화음이며 한자로 속7화음이라고 합니다.

〈Dominant 7th Chord〉

ex 15 코드네임에 맞게 오선에 코드를 만들어 보시오.

앞 장의 종지에서 살펴본 것처럼 도미넌트 세븐스 코드는 1도 토닉 화음으로 해결되어 정격 종지를 만드는 코드입니다. (Ⅴ-Ⅰ)

따라서 뒤에 해결되는 1도의 토닉 코드들을 함께 묶어서 익혀두면 보다 효과적이고 편리합니다.

으뜸음이 같은 장조와 단조에서는 도미넌트 코드가 같기 때문에 뒤의 토닉 코드 역시 장, 단 모두로 해결될 수 있습니다.

예를 들어 C장조와 C단조의 Ⅴ7은 둘다 G7 이어서, G7은 G7-C , G7-Cm 의 두 진행이 모두 자연스럽게 가능하다는 의미입니다.

도미넌트 세븐스 코드는 5도권 순서의 연속적인 진행으로도 빈번히 사용되며,

일반적인 음악에서 도미넌트 코드가 Ⅴ7으로 주로 사용되는 반면, 재즈 블루스 형식의 음악에서는 Ⅰ, Ⅳ, Ⅴ를 모두 도미넌트 세븐스 코드로 사용하여 블루스 음악 특유의 분위기를 나타냅니다.

<도미넌트 세븐 코드의 5도권 연속 진행>

<12마디 형식의 F Blues>

위의 재즈 블루스 악보에서 보면 12마디에 사용된 코드가 모두 도미넌트 세븐스 코드로 되어 있는데, 이러한 코드 진행, Ⅰ도와 Ⅳ도 에서 도미넌트 코드를 사용하는 것은 블루스 형식에서만 찾아볼 수 있는 특별한 코드 패턴입니다.

③ Minor 7th Chord : 단3화음 + 단3도

단3화음의 5음 위로 단3도의 음을 더 쌓아서 이루어지는 7화음입니다.

근음으로부터 단7도 위의 음을 7음으로 가지며 코드 네임은 Cmin7, Cm7, CMin7, Cmi7, C-7 등으로 표기합니다.

〈Minor 7th Chord〉

ex 16 코드 네임에 맞게 오선에 코드를 만들어 보시오.

다음은 여러 가지 마이너 세븐 코드를 사용한 악곡이다. 메이저 세븐 코드와 도미넌트 코드와도 울림을 비교하여 듣고, 느낌을 기억하도록 합시다.

④ Diminished 7th chord

디미니쉬드 3화음에서는 구성음을 단3도 간격으로만 쌓지만, 7화음에서는 5음에서 7음까지의 간격이 장3도인지 단3도인지에 따라 반감7화음 Half Diminished 7th Chord 와 감7화음 Diminished 7th Chord 의 두 가지로 구분합니다.

㉮ Half diminished 7th chord(Minor7th ♭5 Chord) : 감3화음 + 장3도

감3화음의 5음 위로 장3도의 음을 더 쌓아서 이루어지는 7화음이며 코드네임이나 화성 분석 시 디미니쉬의 o 기호에 사선으로 슬래쉬를 그어 vii°, C°로 표기합니다.

간혹 vii°7, C°7 처럼 숫자 7을 붙이기도 하는데, 하프 디미니쉬라는 말 자체에 이미 7화음이라는 의미가 포함되어 있으므로 붙이지 않아도 무관합니다.

또, 이 코드는 Minor 7th 코드의 5음을 반음 내린 것과 같은 소리를 내는 화음으로 Minor 7th ♭5 코드라고도 하는데, 이 명칭은 일반적으로 클래식 음악과 전통 화성학 에서는 잘 사용하지 않지만, 팝이나 재즈의 악보나 교재에서는 마이너 세븐스 코드를 알고 있으면 간단히 변화시켜 만들 수 있다는 편의성으로 하프 디미니쉬드 코드의 기호와 함께 둘 다 사용되고 있습니다.

코드 네임을 어떤 쪽으로 표기해도 상관없지만, 본 교재에서는 하프 디미니쉬 코드를 Minor 7th ♭5 로 표기하고 설명하겠습니다.

코드 네임은 Cmin7$^{(♭5)}$, C-7$^{(♭5)}$, Cm7$^{(♭5)}$, 등으로 표기합니다.

〈Minor 7th ♭5 Chord〉

ex 17 코드 네임에 맞게 오선에 코드를 만들어 보시오.

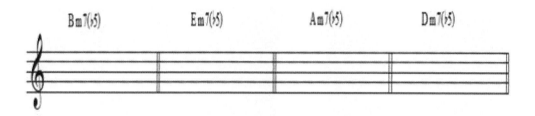

㉯ Diminished 7th Chord : 감3화음 + 단3도

감3화음의 5음 위로 단3도의 음을 더 쌓아서 이루어지는 7화음으로 근음으로부터 감7도 위의 음을 7음으로 가지며, 모든 음들의 간격이 단3도로만 구성되어 있는 화음입니다.

위의 하프 디미니쉬드보다 디미니쉬드 코드의 특성이 훨씬 강하게 나타나는 코드로 강한 긴장감과 스트레스를 유발시킬 수 있는 소리를 냅니다.

코드네임은 Cdim7, $C^0 7$으로 표기합니다.

〈Diminished 7th Chord〉

ex 18 코드네임에 맞게 오선에 코드를 만들어 보시오.

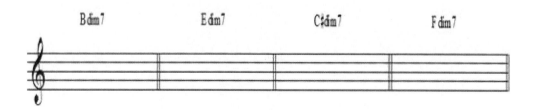

다음은 Diminished 7th Chord와 Minor 7th ♭5 Chord를 이용한 코드 진행의 예입니다. 각 코드의 울림을 잘 듣고 느낌을 기억해두도록 하세요..

〈diminished 7 th chord〉

Half diminished 7th chord (Minor 7th ♭5 Chord) = 단3도+단3도+장3도

Diminished 7 th chord = 단3도 + 단3도 + 단3도

1. 다음의 Major 7th 코드를 만드시오.

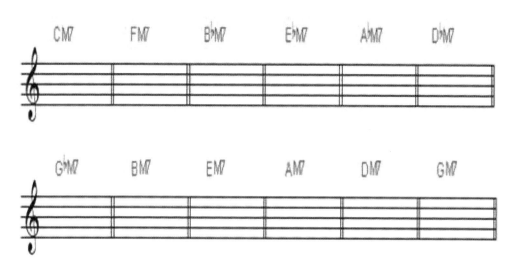

2. 다음의 Minor 7th 코드를 만드시오.

3. 다음의 Dominant 7th 코드를 만드시오.

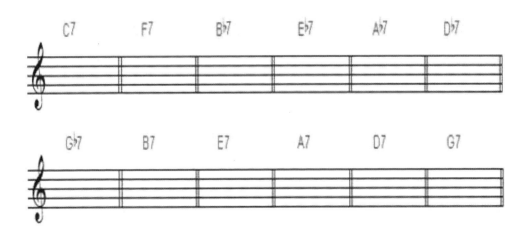

4. 다음의 Diminished 7th 코드를 만드시오.

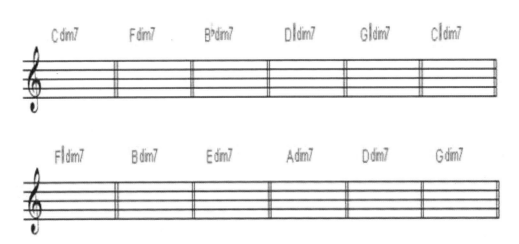

5. 다음 7화음에 맞게 코드 네임을 적으시오.

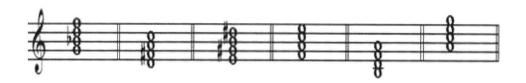

6. 코드네임에 알맞게 7화음을 만드시오.

(2) 그 밖의 7화음

앞에서 학습한 메이저, 마이너, 도미넌트, 디미니쉬의 4가지 기본 7화음을 변화시켜 여러 다양한 7화음을 만들 수 있습니다. 이 장에서는 기본 7화음 이외의 자주 사용되는 변화된 7화음들을 살펴보도록 하겠습니다.

① Minor Major 7th Chord : 단3화음 + 장3도

단3화음의 5음 위로 장3도의 음을 더 쌓아서 이루어지는 7화음으로 근음으로부터 장7도 위의 음을 7음으로 가지며, 주로 마이너 키의 Ⅰ도 7화음에서 만들어집니다. 간단히 말하면 마이너 세븐스 코드의 7음을 반음 올린 코드라 할 수 있습니다.

단조에서는 기본으로 화성 단음계를 사용하기 때문에 자연 단음계의 7음을 반음 올리면서 만들어진 음이 7음으로 위치한 코드 형태입니다.

코드네임은 CmM7, C-(maj7) 등으로 표기하고, 순서대로 마이너 메이저 세븐스 코드라고 읽습니다.

〈Minor Major 7th Chord〉

ex 19 코드네임에 맞게 오선에 코드를 만들어 보시오.

② Augmented 7th Chord

도미넌트 세븐스 코드의 5음을 반음 올리면 아래가 증3화음으로 이루어지는 Augmented 7th 코드가 됩니다.

이 코드는 도미넌트 코드의 변화형에 속하며 도미넌트와 동일한 성질과 기능을 가지게 됩니다. 즉 Vaug7 - I 진행으로 도미넌트 진행을 할 수 있다는 의미입니다. 코드네임은 Caug7, C+7 로 표기합니다.

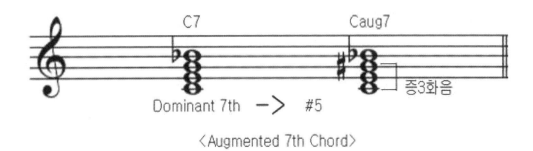

〈Augmented 7th Chord〉

ex 20 코드네임에 맞게 오선에 코드를 만들어 보시오.

③ Dominant 7sus4 Chord

도미넌트 세븐스 코드에서 만들어지며 3화음의 sus4코드와 마찬가지로 3음 대신에 근음에서 완전 4도 위의 음을 사용하여 색채감을 변화시키는 코드입니다.

위의 어그먼티드 세븐스 코드와 마찬가지로 서스포 세븐스 코드도 도미넌트 코드 계열에 속하며 도미넌트와 같은 기능과 성질을 가집니다.

(ex : V7sus4-I , V7sus4-V7-I)

코드네임은 C7sus4, C7⁽sus4⁾로 표기합니다.

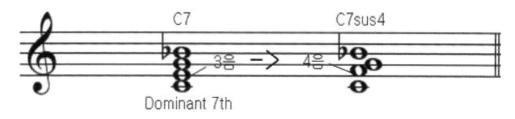

〈Dominant 7 sus4 Chord〉

ex 21 코드 네임에 맞게 오선에 코드를 만들어 보시오.

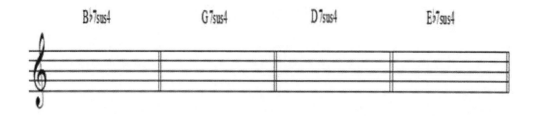

④ Augmented Major 7th Chord

메이저 세븐스 코드의 변화된 코드로 5음을 반음 올려서 만들며 메이저 세븐스 코드와 동일한 성질을 가집니다. 메이저 세븐스 코드는 각 조의 1도 즉 타닉 코드가 될 수 있는 코드입니다.

코드네임은 CM7⁽#5⁾, Cmaj7⁽#5⁾ 등으로 표기하고 C 메이저 세븐스 샵 파이브 코드라고 읽습니다.

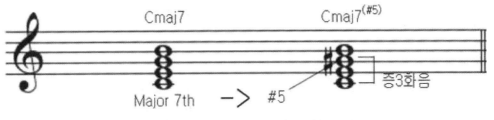

〈Augmented Major 7th Chord〉

ex 22 코드네임에 맞게 오선에 코드를 만들어 보시오.

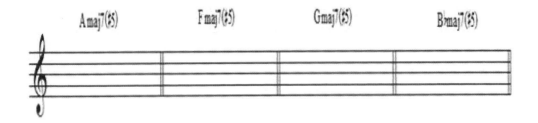

⑤ **6 Chord**Sixth chord

장3화음과 단3화음에 근음으로부터 장6도의 음을 더하여 이루어지는 화음을 식스 코드Sixth chord 라고 합니다. 장, 단3화음 모두 장6도의 음을 더해준다는 것에 주의하세요.

이 코드는 7음이 아닌 6음이 더해져서 정확히는 7화음은 아니지만 음이 4개로 구성된다는 점에서 7화음 챕터에서 함께 설명합니다.

이 식스 코드들은 장, 단조의 Ⅰ도 코드의 기능을 하기도 하고, 3화음에 6음을 추가해 좀 더 색채감을 풍부하게 만드는 역할을 합니다.

코드네임을 표기할 때 에는 장3화음에서 만들어지는 메이저 식스 코드는 C6,

단3화음에서 만들어지는 마이너 식스 코드는 C-6, Cm6, Cmin6, Cmi6 등으로 표기합니다.

<Major 6 Chord>

<Minor 6 Chord>

ex 23 코드네임에 맞게 오선에 코드를 만들어 보시오.

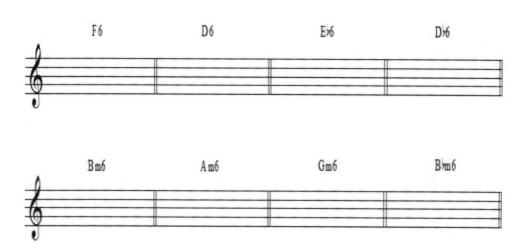

지금까지 4종류의 기본 7화음에서 변화되는 다양한 7화음과 6화음에 대해 알아보 았습니다. 다음 페이지의 〈표7〉에는 변화된 7화음들을 기본 7화음의 그룹으로 나누 어 정리해두었습니다.

3도씩 쌓아 만들고 코드네임을 적는 이론적인 부분도 중요하지만 항상 더 중요한 것은 각각의 코드들이 어떤 기능을 하고, 어떤 소리를 내는지를 구별할 수 있는 음악적 감각입니다.

이를 위해 이 책에 있는 예제와 다양한 악보들의 코드들을 직접 소리 내어 들어보고 소리의 특징을 구별해보세요.

다음 장에서는 장, 단조의 다이아토닉 7화음에 대해 설명하겠습니다.

	Major 7th	Augmented Major 7th	
Major 7th Group	Cmaj7	Cmaj7(#5)	
	Minor 7th	Minor 7th ♭5	Minor Major 7th
Minor 7th Group	C m7	C m7(♭5)	C-(maj7)
	Dominant 7th	Augmented 7th	Dominant7sus4
Dominant 7th Group	C 7	C aug7	C 7sus4
	Diminished 7th	Half diminished 7th	
Diminished 7th Group	C dim7	Cᵒ(=Cm7b5)	
	Major 6	Minor 6	
6th Chord Group	C 6	C m6	

〈 표7 7화음들의 그룹별 정리〉

(3) 장, 단음계에 따른 다이아토닉 7화음

지금까지 여러 종류의 7화음에 대해 알아보았고, 이를 통해 장, 단조의 기본음계에서 만들어지는 다이아토닉 7화음을 분석하면 다음과 같습니다.

7화음의 경우에도 조성 안에서 각 화음이 담당하는 기능과 위치는 3화음과 동일합니다. 다이아토닉 코드의 개념은 고급 화성이론이나 리하모나이제이션이라는 코드 편곡 부분에서도 중요하게 다루어지기 때문에 다이아토닉의 개념과 7화음의 종류를 정확히 파악하고 이해하시기 바랍니다.

① C장조, C Major scale의 다이아토닉 7화음

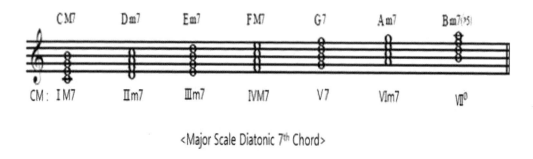

<Major Scale Diatonic 7th Chord>

ex 24 G Major scale의 다이아토닉 7화음을 만들고 코드네임과 화성 분석 기호를 표기하시오.

② A단조, A minor scale의 다이아토닉 7화음

단조에서는 화성 단음계를 기본으로 사용한다고 앞에서 설명하였습니다.

그래서 아래 악보는 A 화성 단음계의 음들로 만들어지는 다이아토닉 세븐스 코드들입니다. 7음을 반음 올려서 G# 음을 사용하고 있습니다.

이 반음 올려지는 7음으로 인해 장조의 다이아토닉 코드에 비해서 단조의 다이아토닉 코드들은 더 다양하게 만들어지게 됩니다.

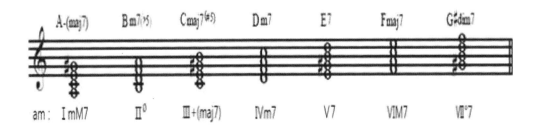

<Minor Scale Diatonic 7th Chord>

ex 25 C Harmonic minor scale의 다이아토닉 7화음을 만들고 코드네임과 화성분석 기호를 표기하시오.

(4) 7화음의 전위 (Inversion Chord)

7화음 역시 3화음과 마찬가지로 여러 가지 음악적 효과와 상황에 따라 기본 위치 뿐만 아니라 베이스에 근음 아닌 다른 음이 오는 전위 형태가 사용됩니다.

베이스에 위치하는 음에 따라 근음이 위치할 경우 기본 위치라 하고, 3음이 위치할 때를 제1전위 (첫째자리바꿈), 5음이 위치할 때를 제2전위 (둘째자리바꿈), 7음이 위치할 때를 제3전위 (셋째자리바꿈)이라 합니다.

3화음에서 알아보았듯이 자리가 바뀌어도 그 화음의 근음, 3음, 5음, 7음은 고유한 것으로 명칭이 변하지 않습니다.

전위 된 7화음의 코드네임을 기입할 때는 3화음의 전위 형태와 마찬가지로 가장 아래 위치한 음이름을 코드 왼쪽 옆에 슬래쉬 / 를 긋고 표시합니다.
슬래쉬는 영어 전치사 on 으로 읽기 때문에 슬래쉬 코드 혹은 on 코드라고 합니다. (ex : G7/B , G7/D, G7/F)

전위 된 형태의 7화음의 화성 분석 기호 역시 로마 숫자와 7자 옆에 슬래쉬 /를 긋고 베이스 음의 코드 내에서의 알파벳 이름을 적어주어 V7, V7/3 , V7/5 , V7/7 의 형태로 표기합니다.

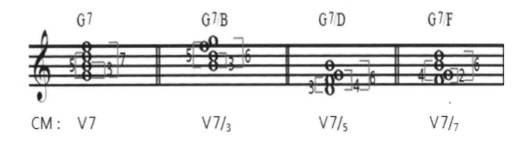

위의 악보에 357, 356, 346, 246 이라는 숫자가 있습니다.

이 숫자들은 각각 베이스음 위에 구성되는 음들의 음정입니다.

G7 의 경우 베이스음 G 에서부터 3도위의 B, 5도 위의 D, 7도 위의 F 음이 더해져서 G7 코드가 됩니다. G7/B의 경우는 베이스 음 B 에서부터 3도위의 D, 5도위의 F, 6도 위의 G 음이 더해져서 1전위 형태의 G7/B 코드가 됩니다.

이렇게 나머지 코드들도 계산할 수있습니다.

그래서 나오는 숫자 357, 356, 346, 246 은 악보에 기입된 음들을 분석해 코드의 이름을 알아낼 때 이용할 수 있습니다.

예를 들어 베이스 음으로부터 위의 음들의 음정을 세어보니 3도 4도 6도가 나왔다면 346에 해당하는 제2전위 형태의 코드라는 것을 알 수 있습니다.

제 2전위는 베이스 음이 해당 코드의 5음입니다. 그 코드의 5음을 알면 가장 중요한 근음을 계산해 알 수 있지요.

5음의 5도 아래 음이 바로 근음이 될테니까요.

코드 네임을 알기 위해서는 반드시 근음을 제일 먼저 찾아야 합니다.

위의 공식을 기억해 둔다면 어떤 코드의 근음을 모른다 해도 베이스 음 위의 구성 음들의 음정 숫자를 세서 공식에 대입하면 근음을 찾아낼 수 있습니다.

〈 코드의 근음을 찾는 공식 〉

357 = 기본위치 = 근음이 베이스

356 = 제1전위 = 3음이 베이스 = 베이스의 3도 아래 음이 근음

346 = 제2전위 = 5음이 베이스 = 베이스의 5도 아래 음이 근음

246 = 제3전위 = 7음이 베이스 = 베이스의 7도 아래 음이 근음

〈 Exercise 7 – 다양한 7화음 〉

1. 다음 7화음의 코드네임을 기입하시오.

2. 코드네임에 알맞게 7화음을 만드시오.

3. 주어진 조의 기본 음계를 사용한 다이아토닉 7화음을 만들고 화성 분석 기호와
코드네임을 기입하시오.

① GM :

② B♭M :

③ cm :

④ am :

⑤ bm :

4. 각 조에 알맞은 다이아토닉 7화음의 화성 분석 기호와 코드네임을 기입하시오.

①

②

③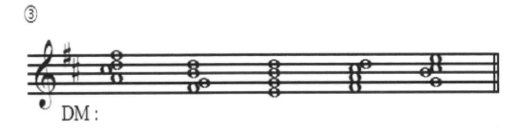

④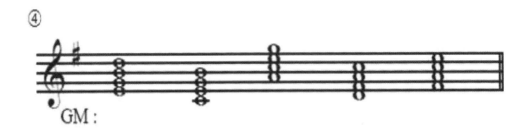

5. 다음 4성부 화성 진행을 분석하고 코드네임을 기입하시오.

①

②

③

④

⑤

6. 다음 곡의 화성진행을 분석하고 괄호 안에는 종지의 종류를 적으시오.

①

②

비화성음과
텐션노트

1

비화성음Nonchord Tones과
텐션 노트Tension Notes

(1) 비화성음(Nonchord Tones)

　지금까지 3화음과 7화음의 종류와 성질에 대해 익히고 각각의 코드를 구성하는 음들도 알아보았습니다.

　예를 들어 '도,미,솔'의 울림을 C코드라 하고, '솔,시,레,파'의 울림을 G7이라 하여 구성음을 찾을 수 있고, 코드네임을 적는 법도 배웠습니다.

　그런데, 실제로 대부분의 곡에서는 이와 같은 각 화음의 구성음뿐만 아니라 그 밖의 많은 음들이 멜로디나 코드에 자유롭게 첨가되어 사용되는데, 이를 화성에 속하지 않는 음, 즉, 비화성음 Nonharmonic tones, Nonchord Tones 이라 합니다.

　이는 단순히 화음의 구성음에 포함되지 않는다는 의미보다는 그 화음의 울림, 소리에 영향을 주지 않는다는 의미로 이해하시기 바랍니다.

　왜냐하면 같은 음이라도 음의 길이나 위치 강세에 따라 비화성음으로 가볍게 지나가기도 하고, 그 코드의 소리에 영향을 크게 미치기도 하기 때문입니다.

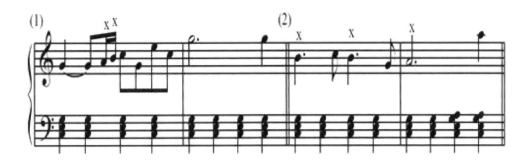

〈 소리와 강세에 따른 화성음과 비화성음의 구분〉

위의 (1)과 (2)의 악보를 비교해봅시다. 왼 손의 코드를 보면, 둘 다 기본적으로 C코드로 이루어져 있음을 알 수 있고, C코드 (도,미,솔)에 속하지 않는 음인 '라'와 '시'에는 x 표시가 되어있습니다.

그런데, '라'와 '시'는 C코드와 함께 쓰이면 이론적으로 각각 C6, CM7을 만드는 음이 되는데, 과연 이것이 모든 경우에 해당하는지는 각각을 연주하여 소리로 듣고 판단해 보시기 바랍니다.

악보 (1)에서는 '라'와 '시'가 길이가 짧고 강박에 위치한 '솔'과 '도'를 연결하기 위해 지나가는 음 (경과음, passing tone)의 역할을 하고 있으므로, C코드의 소리에 비교적 큰 영향을 미치지 않고 있습니다. 따라서 전체를 C코드로 보고 '라','시'를 비화성음으로 분석하는 것이 타당합니다.

반면 악보(2)에서는 같은 C코드로 이루어져 있지만 '시'와 '라'의 음길이가 길고 그 위치도 강박에 있으므로 전체적인 소리의 특징에 비교적 강한 영향을 미치고 있음을 느낄 수 있습니다.

따라서 악보(2)는 똑같이 C코드로 반주를 하고 있더라도 '시'와 '라'를 화성음에 포함시켜 CM7 - C6 로 간주하는게 더 타당한 분석이 될 것입니다.

이처럼 동일한 코드에 사용된 동일한 음이라도 전체적 울림에 영향을 미치는 비중에 따라 화성음 혹은 비화성음으로 구분될 수 있기때문에 단편적 울림이나 단순히 코드의 구성음에 대한 이해만으로 이를 판단해서는 안 될 것이며 항상 소리를 기준으로 생각하여야 합니다.

ex 26 다음 악보를 보고 코드네임을 적고 화성 분석 한 후 비화성음을 찾아 x표시 하시오.

(2) 텐션 노트 (Tension notes)

아래의 악보의 코드를 보면 R, 3, 5, 7음까지의 기본 코드 구조 위에 3도 간격으로 3개의 음들이 더 쌓여있는데, 이 3개의 음들은 7화음에 속하지 않는 음들로 코드 구성음이 아닌 비화성음이라 할 수 있습니다. 그런데 비화성음 중에서도 이렇게 3도 간격의 3개의 음을 특별히 텐션 노트라고 부릅니다.

텐션 음들은 각각 근음에서부터의 음정 간격에 따라 9, 11, 13음이라 부릅니다.
이들은 화성음과 조화를 이루기도 하고, 부딪히기도 하며 화성에 색채감을 더해 윤택하고 풍부한 울림을 갖게 해줍니다.

대중 음악이나 재즈 음악에서는 이 텐션 노트의 사용이 일반화되었기 때문에 텐션 노트를 첨가한 코드를 하나의 확장된 코드로 간주하고 이들의 기능이 화성음에 준한다 해서 준화성음이라 말하기도 합니다.

앞에서 설명한 비화성음이 코드의 울림에 비교적 영향을 미치지 못했다면,

텐션 노트들은 때로는 화성음만큼이나 코드의 울림에 영향을 미치기 때문에 같은 기본 코드라도 여기에 어떤 텐션 노트가 첨가 되냐에 따라 그 소리의 울림이 상당한 차이를 갖게 됩니다.

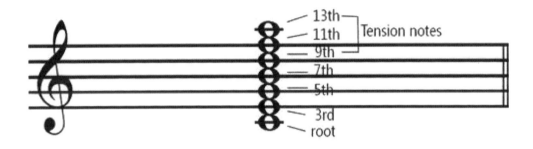

〈기본 코드 구성음 위에 3도 간격으로 위치하는 9,11,13 텐션 노트〉

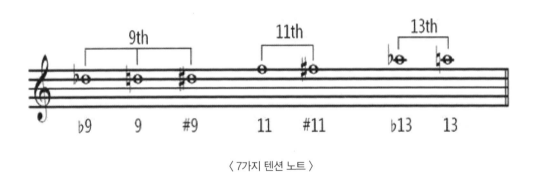

〈 7가지 텐션 노트 〉

텐션 노트는 근음에서부터의 음정 관계에 의해 위의 악보에서와 같이 그 종류가 구분되며, 음악적 상황에 맞게 선택되어 사용됩니다.

기본 코드에 따라 일반적으로 사용하는 텐션 노트들을 구분해보면 아래 〈표8〉과 같습니다.

Major 7th 코드에는 9,#11,13, Minor 7th코드에는 9,11,13, Diminish 7th와 Minor7th ♭5 코드에서는 9,11,♭13, Dominant 7th 코드에서는 11음을 제외한 모든 텐션이 주로 사용됩니다.

하지만 이것은 절대적인 것은 아니고 보편적인 내용을 정리한 것이므로 상황과 의도한 색채에 맞게 음악적으로 다양하게 텐션을 코드에 활용할 수 있습니다.

코드에 따라 여러 텐션음들을 첨가하여 코드의 울림과 색채를 비교하여 들어보고 작, 편곡에 있어 효과적으로 선택할 수 있도록 합시다.

기본 코드의 종류	텐션 노트
Major 7th	9, #11, 13
minor 7th	9, 11, 13
Dominant 7th	♭9, 9, #9, #11, ♭13, 13
Diminished 7th, Minor7th ♭5	9, 11, ♭13

〈 표8 기본 코드의 종류에 따라 잘 어울리는 텐션 〉

텐션은 기본 코드만 표기되어 있는 경우에도 연주자가 임의로 적절하게 첨가하여 원하는 코드의 울림을 만들기도 하지만, 때로는 코드네임에 직접적으로 특정 텐션의 숫자를 표시해 주기도 합니다.

기본 코드 네임의 옆이나 위 에 9, 11, 13의 숫자와 임시표를 쓰거나 첨가하다는 뜻의 add를 쓰기도 하며 괄호 안에 표시하기도 합니다.

(ex: C9, Cmaj7(#11), Cm7(add9), C7(b9))

아래의 여러 가지의 텐션이 첨가된 코드들의 울림을 텐션이 없는 기본 코드일 때와 비교하여 색채감의 변화를 느끼며 들어보시기 바랍니다.

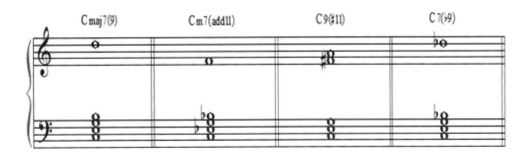

Major 7th 코드와 Dominant 7th 코드에서 11음이 잘 사용되지 않는 이유는 각 코드의 3음이 11(4)음과 단2도로 부딪쳐서 껄끄러운 울림을 주기 때문인데, 이렇게 조화롭지 않은 울림으로 인해 일반적으로 사용을 피하는 음을 그 코드나 스케일의 〈어보이드 노트avoid note〉라고 하고, 어보이드 노트는 음악적 밸런스를 살펴 주의해서 사용해야 하는 음들입니다.

1. 다음 악곡을 화성분석하고 코드 네임을 기입한 후 비화성음을 찾아 X로 표시하시오.

2. 코드네임을 보고 구성음과 텐션 노트를 오선에 적절히 기입하시오.

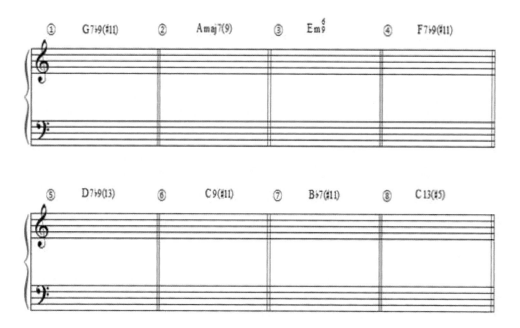

지금까지 이 책을 통해 음악 이론의 기초가 되는 음계, 음정, 조성에 대해 복습하고, 3화음과 7화음의 코드 이론을 공부하였습니다. 교재 내에서도 몇 번 언급했듯이 코드를 공부한다는 것이 자칫 잘못하면 너무 이론에만 치우칠 수 있습니다.

우리는 음악을 공부하고 있다는 점을 항상 잊지 마시고, 어디까지나 실제의 소리와 음악적인 감각으로 체득하려고 노력해보시기 바랍니다.

이 책의 내용을 잘 이해하셨다면, 이제 수많은 코드들을 가지고 여러 가능성을 탐색해보는 코드 편곡과 응용에 관한 공부를 해보신다면 더 깊이 있게 코드에 대해 알 수 있으리라 생각합니다.

아름다운 음악을 이해하기 위해 열심히 노력하시는 여러분 모두에게 항상 행복과 축복이 가득하시기를 기원합니다.

저자 **고 서 이**

부록

3화음 코드 Triad chord

① 장3화음 Major triad

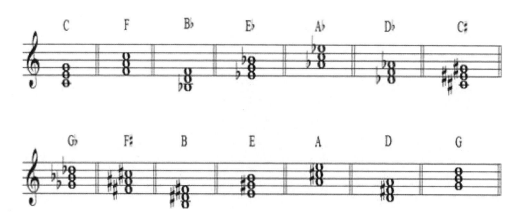

② 단3화음 Minor triad

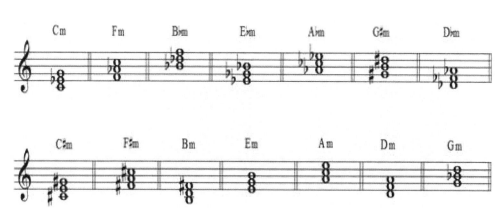

③ 증3화음 Augmented triad

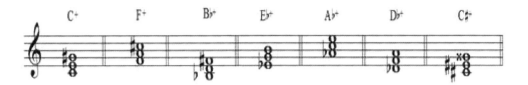

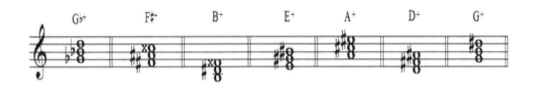

④ 감3화음 Diminished triad

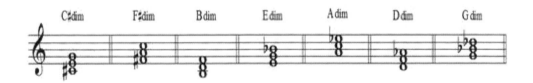

⑤ sus4 코드

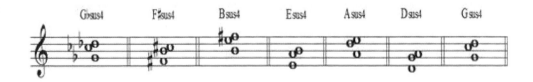

2

기본 7화음 Seventh chord

① 메이저 세븐스 코드 Major 7th chord

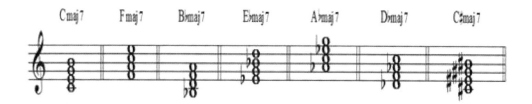

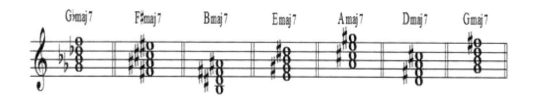

② 도미넌트 세븐스 코드 Dominant 7th chord

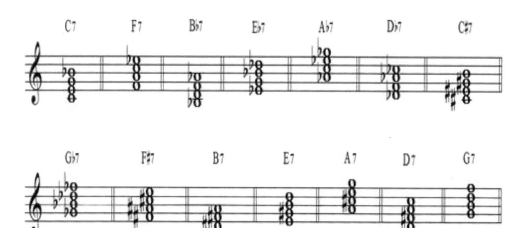

③ 마이너 세븐스 코드 Minor 7th chord

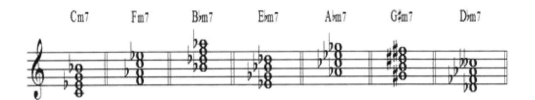

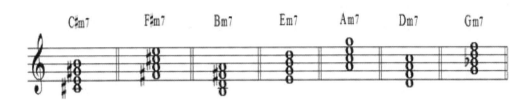

④ 도미넌트 세븐 서스 포 코드 Dominant 7sus4 chord

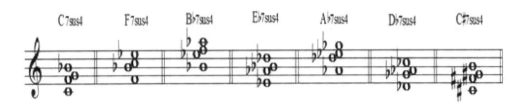

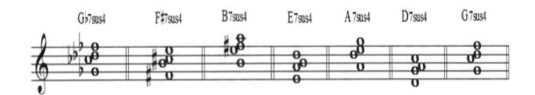

기초 화성이론

초판 1쇄 발행 2024년 10월 7일

저 자 고서이
발행처 예미
발행인 황부현
편 집 박진희
디자인 김민정

출판등록 2018년 5월 10일(제2018-000084호)

주소 경기도 고양시 일산서구 강성로 256, B102호
전화 031)917-7279 **팩스** 031)911-5513
전자우편 yemmibooks@naver.com
홈페이지 www.yemmibooks.com

ⓒ 고서이, 2024

ISBN 979-11-92907-57-4 93670